世界金融简史

赵涛 魏媛 著

地震出版社
Seismological Press

图书在版编目（CIP）数据

世界金融简史 / 赵涛，魏媛著 .-- 北京：地震出版社，2022.3

ISBN 978-7-5028-5375-4

Ⅰ．①世… Ⅱ．①赵… ②魏… Ⅲ．①金融市场—经济史—世界—通俗读物 Ⅳ．① F831.5-49

中国版本图书馆 CIP 数据核字 (2021) 第 221258 号

地震版 XM4998/F(6241)

世界金融简史

赵涛　魏媛　著

责任编辑：张　轶

责任校对：凌　樱

出版发行：地震出版社

北京市海淀区民族大学南路 9 号　　邮编：100081

发行部：68423031　68467991　　传真：68467991

总编室：68462709　68423029

证券图书事业部：68426052

http：//seismologicalpress. com

E-mail：zqbj68426052@ 163. com

经销：全国各地新华书店

印刷：固安县保利达印务有限公司

版（印）次：2022 年 3 月第一版　2022 年 3 月第一次印刷

开本：710 × 960　1/16

字数：195 千字

印张：15

书号：ISBN 978-7-5028-5375-4

定价：49.00 元

前 言

金融活动在人类文明早期就出现了——随着文明的发展，人类必然需要一种技术性工具来跨时空配置资源，金融因此诞生。而金融的发展，又反过来影响了人类文明的进程，书写了人类社会发展史，人类的文明，就在这些往复的循环中逐渐丰富、绵延。可以说，一部金融史就是一部人类文明史。

那么，金融是如何塑造了我们的文明？历史上的哪些关键人物、事件主导了金融发展？金融活动如何改变人的生活方式、国家的势力范围？金融如何影响了我们的现代生活？这些问题，读者们在本书中都可以找到答案。

金融不止是钱，不止是一个行业，还是一种技术性工具。金融家不会凭空将钱变多，人们通过金融只是把钱从一些人的手上转到另一些人的手上，钱本身不会变多或变少，但结果却是，一些人获利，一些人损失。

在金融体系日益发达的市场经济中，我们每个人的命运从未像今天这样与金融联系得如此紧密。面对次贷危机引发的金融海啸，没有人能够独善其身。当我们在诅咒金融家的疯狂再次给整个世界带来了一场灾难的时候，我们也清楚地知道，这不是第一次，也绝不会是最后一次。

金融改变了人类的历史，但金融不常是主角，大多数情况下它只是个附庸，真正长期起决定作用的还是社会、政治体制，以及人的思维和决策。

我们的世界是被一小撮银行家把持着的吗？金融史不会支持这样的反问。拿破仑说银行家唯利是图，俾斯麦说银行家是乌合之众，事实上，银行家从来都不是万能的，早期的银行家贷款给国王，国王不还钱，银行家照样没辙。金钱的力量很大，但不是最大的。现在的银行家也不是万能的，尽管他们的利益网络十分广泛。

曾经的罗斯柴尔德家族的确厉害，如果19世纪有福布斯富豪榜的话，他们一定会长期占据榜首的位置，欧洲首富非他们莫属。然而，那都是很久以前的事了。国际金融中心从阿姆斯特丹迁到伦敦，又迁到了纽约……如今更是全球化的时代，一个家族想要长期垄断天下的金钱权力，财力不够，难以为继，而且第二次世界大战后的新兴国家又怎能允许外国金融势力染指内政呢？

摩根财团？高盛集团？没错，他们都是金融业的巨头和霸主，但在金融史的长河中，他们只能算是几朵后起的浪花。

前车之鉴是否可以遏止下一个金融悲剧的发生？从17世纪郁金香泡沫事件，18世纪南海公司泡沫与密西西比泡沫，1929年的华尔街股灾，到2008年全球金融海啸，抽去这些金融事件的时空、背景，我们将发现它们形成的原因、过程与结果高度相似。

太阳底下没有新鲜事，如今的现实只不过是历史的重演。与其在现实中迷茫混沌，不如到现实背后去洞察其前世今生的故事。《世界金融简史》系统讲述了金融的发展史，从原始社会的货币到现代社会的信用卡、从金融的创新者到势力庞大而无情的财阀大亨、从疯狂的郁金香到次贷危机……本书将缤纷的金融史实分门别类，用最浅显易懂的语言，揭开金融学神秘的面纱，将其最生动鲜活的一面呈现在你面前。

本书是一部融合了专业知识、历史常识、大局大势的金融科普书，我们试着从本源出发，沿着货币、信用、银行、证券保险、金融衍生产品、金融巨头、金融危机、蛮荒时代的金融丑闻这几条线路，带领读者从远古到现代，见证金融的发展与变迁，这个过程中我们将透彻地了解金融的力量；经济发展的脉络；金融演进的历程；金融未来发展的方向；金融方面的大事件、大背景、大人物等。

经济学大师约瑟夫·熊彼特说：“如果一个人不掌握历史事实，不具备适当的历史感或所谓历史经验，他就不可能指望理解任何时代的经济现象。”他还指出，“目前经济分析中所犯的根本性错误，大部分是缺乏历史的经验，而经济学家在其他方面的欠缺倒是次要的”。

回顾金融史，我们会发现有如此多的经典事件供我们学习，正所谓“以史为鉴，可以知兴替；以人为鉴，可以明得失”。我们衷心希望，此书能为读者提供一个认识现实经济世界的全新视角，在投资、经营、决策、工作和生活中能够正确、理性地对待发生的每一个变化，以助各位“知兴替”“明得失”！

目　录

第五章 金融衍生产品简史

第六章 影响世界的金融巨头

第七章 股灾与金融危机简史

第一章

货币简史

从物物交换到货币交换

第二次世界大战期间，在纳粹的战俘集中营中流通着一种特殊的商品货币：香烟。当时的红十字会设法向战俘营提供各种人道主义物品，如食物、衣服、香烟等。由于数量有限，这些物品只能根据某种平均主义的原则在战俘之间进行分配，无法顾及每个战俘的特定偏好。但是人与人之间的偏好总是会有所不同的，有人喜欢巧克力，有人喜欢奶酪，还有人则更想得到一包香烟。因此这种分配显然是缺乏效率的，战俘们有进行交换的需要。

但是即便在战俘营这样一个狭小的范围内，物物交换也一样非常不方便，因为它要求交易双方恰巧都想要对方的东西，也就是所谓的需求的双重巧合。为了使交换能够更加顺利地进行，需要有一种充当交易媒介的商品，即货币。那么，在战俘营中，究竟哪一种物品适合做交易媒介呢？许多战俘营都不约而同地选择香烟来扮演这一角色。战俘们用香烟来进行计价和交易，如一根香肠值10支香烟，一件衬衣值80支香烟，替别人洗一件衣服则可以换得两支香烟。有了这样一种记账单位和交易媒介之后，战俘之间的交换就方便多了。

在过去100多年的时间里，无政府主义者，甚至那些极端的保守分子和嬉皮士，他们都曾经梦想废除货币。那么让我们想象一下：一个没有货币的世界会是什么样子的呢？

在现代社会中，每一个家庭或个人、各类经济单位几乎每天都要接触货币；任何商品都需要用货币来计价，任何购买都要用货币来支付。让我们回到最开始的地方，假设这里是一个没有货币的世界，那么，我们的生活又会是什么样的呢？

现在我们就来复活一下古老的交易方式：一个村子里住着养羊的人、种麦子的人、打铁的人。现在养羊的人想要一把斧头，但是打铁的人却固执地只愿意接受面包，那么养羊的人会怎么做呢？首先，在和种麦子的人讨价还价之后，他会让对方牵走一只羊，然后换来50个面包。接下来，他再和铁匠商量，最终用20个面包换来自己需要的一把斧头。

在货币出现之前，人们采取的就是这种物物交换形式。这样直接的物物交换是极其麻烦的，人们不得不花费大量的时间来为最琐碎的结果讨价还价，而且这种交换往往还会带来摩擦和不快。

但是随着人口增加，物产增多，商品流通规模也随之增大。在这种情况下，单纯的物物交换已经无法满足人类的需求，而为了加快贸易的速度，人们发明了“钱”。在上面的例子中，一只羊最终可以换来一把斧头。但是有时候受到用于交换的物资种类的限制，不得不寻找一种能够为交换双方都能够接受的物品。这种物品就是最原始的货币。牲畜、盐、稀有的贝壳、珍稀鸟类的羽毛、宝石、沙金、石头等不容易大量获取的物品都曾经作为货币使用过。

按照现代经济学的解释，货币是交易的手段，制度化的信用象征，它能有效降低交易的成本。当人们将货币引入经济系统之后，任何商品的价格都可以用这个“度”来表示，由此经济系统便发生了翻天覆地的变化。《荷马史诗》就记载着这样的内容：当时的人们经常用牛来代表物品的价值，一个拥有娴熟技艺的女奴值4头牛，而角斗士第一名的奖品值12头牛。但是我们需要明白的是，流通的货币就好像一条公路，尽管它们可以流通，可以把所有的牧草和谷物从农村带到市场上，但货币本身不具备任何价值，它只是价值的载体。

我们简单总结一下货币的功能：

（1）计价单位。所有的交换都以货币为媒介，于是人们拥有了一项衡量任何一种商品的标准。

通过货币，我们可以轻松地将一种商品或服务同其他商品或服务联系起来，由此诞生了伟大的价格体系，人们能够从经济的角度计算得失：一辆汽车大概价值60盎司黄金，而一间房子价值180盎司黄金，也就是说一间房子能换来3辆汽车。瞧，这非常简单明了！

（2）流通手段。货币的引入消除了物物交换中的各种弊端，货币充当商品交换的中介，为商品和服务交换提供便利，不仅提高了交换的效率，也提高了人们的生活水平。

货币源于流通，服务于流通。作为商品交换的媒介，任何形式的货币运动的最终归宿都是交换，无论是借、贷、存、贮、汇等运动，最终的目的都是为了消费（即交换），它的终点总是商品，否则货币就失去了意义。

（3）价值贮藏。货币可以作为社会财富的代表被贮藏起来，即“把现在的购买力转变为未来的购买力”。

作为价值的载体，货币的运动就是价值的运动，货币的贮藏也就是价值的贮藏。一般来说，纸币的稳定性要比实物货币相对差一些。因为纸币的价值及其发行是中央银行人为决定的，具有无限扩大的可能。而且现代政府和中央银行也喜欢这种凭空创造财富的机制，总是具有扩大发行的冲动。纸币的价值稳定性比商品货币要差得多，因此削弱了纸币的价值贮藏职能。在极端情况下，纸币就变成了白纸一张，完全失去了价值，不具备货币真正的职能，比如津巴布韦发行的100万亿面值纸币。

（4）支付手段。货币的转移就意味着价值的转移，这种转移就是支付过程。

以货币为媒介的商品交换，无论是由商品转化为货币，还是由货币再转化为商品从而最终完成商品间的交换，都包含两个方面的内容。一是商品的转移，即交货的过程，卖的过程。二是货币的转移，即付款的过程，买的过程。买或卖的过程以交货及付款的完成而结束。其中付款的过程就是支付的过程。货币作为支付手段的职能是货币充当交易媒介的必要条件。

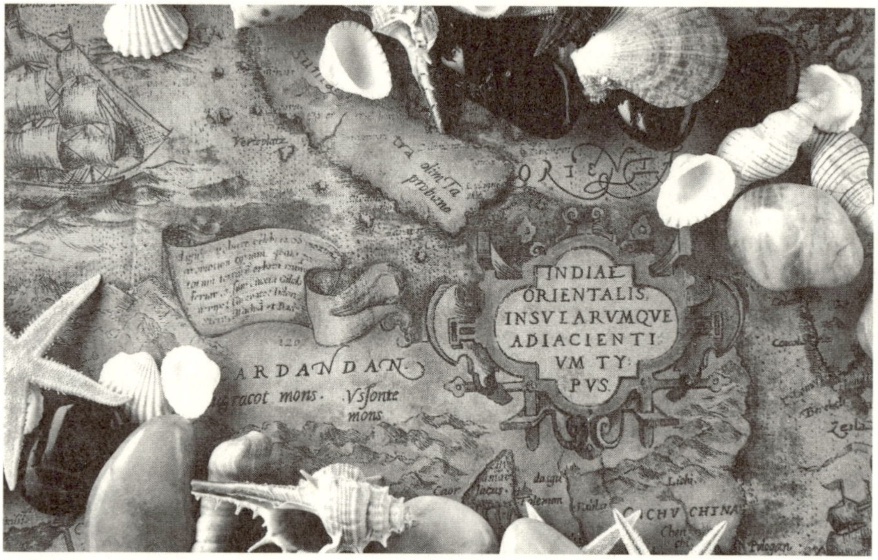

图1　人类社会早期，世界上很多地方都曾把贝壳当成等价交换物，中国仰韶文化遗址和马家窑文化遗址出土的陶器上均出现过贝壳图案；印第安人原始部落也把贝壳当成财富的象征，至今非洲原始部落仍喜欢戴贝壳装饰物。

金银是天然的货币

远古时代以物易物的方式极其烦琐，因此当时的人们渐渐想到找一种交易媒介来简化这种交易。亚里士多德在他的经典著作《政治学》中为我们描述了人们的要求：这种东西可以在人们之间彼此平等交换，自身必须有价值，出于生活的考虑，它应额外有如铁和银或其他类似性质的物品一样有方便携带的优点。

那么用什么媒介来交易呢？这种东西必须为交换双方都能够接受，还要不容易大量获取，还必须可以携带……牲畜、盐、稀有的贝壳、羽毛、石头等都曾作为货币使用过。但是经过长年的自然淘汰，这些作为货币使用的物品逐渐被以黄金为代表的贵金属所取代。不仅在中国，在世界范围内都是如此。也就是说，当人们需要选择最适合充当货币形式的商品时，几乎无一例外地选择了金银。所以凯恩斯说：金本位是野蛮的遗迹。

人们说，金银是天然的货币，这里我们来解释一下黄金成为货币的先天条件和优势：

首先，黄金色彩鲜艳，有光泽，是唯一不褪色、不生锈的金属。其次，黄金价值高，便于携带。试想一下，如果以羊作为货币，那么在匆忙之间我们又该如何携带呢？再次，黄金易于分割，便于锻造，可以满足不同数额的支付需求。最后，黄金易于识别，便于测量。

但是使用黄金交易也有很多不方便的地方：成色需要鉴定，重量需要称量。渐渐地，人们又想出了一个更好的办法——铸造重量、成色统一的贵金属硬币。这样，在使用货币的时候，既不需要称重，也不需要测试成色。这些硬币上有国王或皇帝的头像、复杂的纹章和印玺图案，以免伪造。

小亚细亚吕底亚王国（今土耳其西北部）金币是目前世界上发现的最早的金币。币材采用流经吕底亚王国首府萨迪斯的河流中的自然金银矿粒打制而成。这种矿粒成分约为3金1银，呈黄白色，俗称琥珀金。

西方国家的主币为金币和银币，辅币用铜、铜合金铸造。随着欧洲经济的发展，商品交易量逐渐增大，到15世纪时，经济发达的佛兰德斯和意大利北部各邦国出现了通货紧缩的恐慌。从16世纪开始，大量来自美洲的黄金和白银通过西班牙流入欧洲，挽救了欧洲的货币制度。

慢慢地，人们发现金属货币使用起来也并不方便。尤其是，在大额交易中需要使用大量的金属硬币，其重量和体积都令人感到烦恼。金属货币在使用中还会出现磨损。请看一个惊人的事实：自从人类使用黄金作为货币以来，已有超过两万吨的黄金在铸币厂里，或者在人们的手中、钱袋中和衣物口袋中磨损掉了。

在这种情况下，金本位制出现了。在金本位货币制度下，政府规定金银之间的价值比率，并按这一比率无限买卖金银。让我们来看一下金本位制的基本特征：以一定量的黄金为货币单位铸造金币，作为本位币；金币可以自由铸造，自由熔化，具有无限法偿能力，同时限制其他铸币的铸造和偿付能力；辅币和银行券可以自由兑换金币或等量黄金；黄金可以自由出入国境；以黄金为唯一准备金。

这是人类历史上出现的第一个金币本位制国际货币体系，以黄金为核心和本位货币。英国于1816年率先实行金本位制度，到1914年时，已有59个国家实行了金本位制。黄金是货币历史上第一个也是最后一个本身拥有价值，而又固定充当一般等价物与价值尺度的实质性货币。黄金是本位货币，是国际硬通货，可自由进出口，可支付贸易赤字，可作为国内货币流通。黄金可以自由铸造、自由兑换、自由输出。就这样，黄金成了货币的中心，也成了经济的中心，黄金的金融属性非常完备。

但是世界经济大危机对金本位制造成了很大的冲击：1933年发生世界性经济危机时，黄金紧缺并且受到官方控制，伦敦黄金市场关闭，“金本位制”彻底崩溃，我们从此进入了货币信用时代。

从1938年开始，已没有一个国家允许国民将货币或存款兑换成黄金，黄金的货币属性已经消失。尽管近几年来黄金价格不断上涨，但金本位复归仍然是一种渺茫的梦想。

劣币与良币的竞争

1560年，英国财政大臣格雷欣发现了一个有趣的现象，两种实际价值不同而名义价值相同的货币同时流通时，实际价值较高的货币，也就是“良币”，必然退出流通——它们被收藏、熔化或被输出国外；实际价值较低的货币，也就是“劣币”，却充斥市场。人们称这种现象为“格雷欣法则”，也叫作“劣币驱逐良币规律”。

在铸币时代，当那些低于法定重量或者成色的铸币——“劣币”进入流通领域之后，人们就倾向于将那些足值货币——“良币”收藏起来。最后，良币被驱逐，市场上流通的就只剩下劣币了。在金银复本位制度下，由于金和银本身的价值是变动的，这种金属货币本身价值的变动与两者兑换比率相对保持不变产生了“劣币驱逐良币”的现象，使复本位制无法实现。比如说当金和银的兑换比率是1∶15，当银由于银的开采成本降低而后其价值降低时，人们就按上述比率用银兑换金，将金贮藏，最后使银充斥于货币流通，排斥了金。相反，当银的价值上升而金的价值降低，人们就会用金按上述比例兑换银，将银贮藏，流通中就只会是金币。

事实上，“劣币驱逐良币规律”不难理解，因为这种情况在生活中也广泛存在。比如在公共领域，当潜规则盛行时，守规矩的人肯定争不过不守规矩者。例如排队购物或上车，文明程度低的城市，守规矩排队者总是被挤得东倒西歪，几趟车也上不去，而不守秩序的人倒常常能够捷足先登，争得座位或抢得时间。最后遵守秩序排队上车的人越来越少，车辆一来，众人都争先恐后，搞得每次乘车都如同打仗，苦不堪言。

回归正题，“劣币驱逐良币”这种现象到底是怎样产生的呢？

经济学家亚当·斯密说：“我相信，世界各国的君主都是贪婪不公的。他们欺骗臣民，把货币最初所含的金属分量次第削减。”在欧洲，从罗马时代到17世纪，铸币的历史几乎就是一部不断贬值的历史。臣民可以拒绝贬值的货币吗？不能！那将被视为对王权的挑战。

在中国，汉武帝曾经把禁苑里的白鹿皮做成钱币，规定一块白鹿皮币值40万钱，强行卖给王侯宗室。在欧洲，对政府铸造的金币、铜币，也总有人想办法从边缘弄下一些边角余料，降低了货币的实际价值，但由于是法定货币，它们仍然能得以流通。总之，在每一个大规模的“劣币驱逐良币”的案例中，都能看到“法定货币”的身影。

如果再进一步探讨一下，你有没有想过，为什么货币都是国家“垄断”呢？私人为什么不能铸币呢？

其实在最初的时候，铸币行业与其他行业没有什么区别，19世纪初期，铸币权都是分散的，每一个铸币者生产最讨顾客喜欢的钱币——大小或形状讨顾客喜欢，其价格经市场自由竞争后确定。古希腊几乎每座城邦都有自己铸造的货币，中世纪的德国各封建领主的铸币机构有600多所。

人类用货币欺骗人类的历史和人类最早使用金币的历史一样久远。在坦桑尼亚，牛曾经被用来当作货币，可不幸的是，人们发现交易中所支付的牛都是瘦弱的病牛，因为价格只是用牛的数量来表示，价格在优质牛和劣质牛之间没有区别，因此将劣质牛作为支付，而将优质牛保留起来就是很自然的事。即使在纳粹集中营里，“劣币”也会驱逐“良币”，手工卷烟很快就将机器卷烟驱逐了出去。

古罗马时期，这种做法达到了最疯狂的程度，铸币机构曾铸造白银含量只有2%的银币。渐渐地，那些足值的货币会离开市场。

为了避免劣币充斥市场，人们开始反对私人铸币。他们更愿意信赖政府铸币，并相信政府能够防止或者惩罚那些私人铸币的欺诈行为。于是，政府渐渐地垄断了铸币权。

可是政府就真的值得信赖吗？

在16世纪的英国，贵金属的供给不敷造币使用，必须在新铸造的货币之中加入其他金属成分，故当时市场上就有两种货币，一种是原先不含杂质的货币，另一种是加入其他金属的货币。虽然两种货币在法律上的价值相等，但人们却能加以辨认，并且储存不含杂质的货币，将含杂质的货币拿去交易流通。故市面上的良币就渐渐被储存而减少流通，市场上就只剩下劣币在交易。

公元1世纪，在臭名昭著的尼禄皇帝统治时期，这些铸币的贵金属含量开始减少，金币和银币中越来越多地掺进了合金。紧接着用这种计量单位表示的价格出现了前所未有的上涨，罗马帝国的衰落也就从通货膨胀开始了。

但是很多时候，经济生活中也存在“反格雷欣法则”的现象，也就是说“良币驱逐劣币”。

你拿着100元在菜市场买菜，当你认真检视找回来的50元钞票时，是否意识到自己在做什么？你在检查收到的是否是假钞，套用经济学术语：你在驱逐劣币。

没错，在市场竞争的条件下，劣币不能驱逐良币，因为每一天都有无数的人在自发地驱逐劣币。买主固然倾向于使用劣币支付，但他们未必能够得逞。因为卖主和买主一样精明，他们会拒绝接受劣币。买主要想买到商品，只好把藏起来的良币投入使用。

每个人既是买主又是卖主，当他作为买主被卖主拒绝劣币之后，他做卖主时自然也会拒绝劣币。你为什么反复检查出租车司机找给你的钱？因为你知道如果你收到假币，就很难把它花出去。长期下来，劣币就将退出流通。因此，在市场竞争条件下，总是良币驱逐劣币，而不是劣币驱逐良币。

比如在中国的钱庄、票号时代，哪家的信用好，哪家的银票就坚挺。山西的“四大恒”钱庄信用卓著，四家的银票同时通行全国，连慈禧太后也得使用。而那些信用成问题的钱庄票号，它们的银票就会被迅速抛离市场，充分体现了良币驱逐劣币的威力。“红顶商人”胡雪岩的阜康钱庄信用出问题后也是落得个被抛弃的结局。银元时代，墨西哥“鹰洋”和中国“袁大头”由于其优质的成色，一直作为良币稳占市场，从来没有被驱逐之忧。

也就是说，当金融货币被银行券或纸币替代后，“格雷欣法则”就被倒置了，即“良币”驱逐了“劣币”。这是因为，金融货币与商品相交换时，体现的是一种“钱货两清”的等价交易；而纸币本身没有价值，它与商品的交换体现的是一种债权债务的信用关系，商品生产者售出商品接受纸币，以信任纸币发行人的信用为前提。所以，“优良”的纸币发行人发行的纸币必然受到欢迎，而“低劣”的纸币发行人发行的纸币必然遭到抵制，于是良币驱逐了劣币。

纸币的起源与盛行

18世纪，欧洲各国货币还是采用金属本位，市场上不是金币就是银币，总之没有纸币。因为欧洲人民都觉得跟黄金白银相比，纸币太不可靠了。但是，当时的金融家约翰·劳说：“纸币是一个国家繁荣的最好方法。”他的信念就是，“要繁荣，发纸币”。

后来，财政濒于破产的法国政府采纳了约翰·劳的建议，开始发行纸币。最初一切顺利，纸币成了挽救法国财政的“大功臣”，但是法国政府没有抵住增发纸币的诱惑，纸币泛滥成灾，最终走向了崩溃。无数人遭受损失，法国人在很长一段时间内不再信任银行的纸币（详见第

图2　约翰·劳（1671—1729），18世纪早期的法国财政总管。图为18世纪列昂纳多·申克绘制的现代水彩版画。

七章）。

这位约翰·劳先生可以算得上是货币史上的一位大名鼎鼎的人物，他发行纸币这个观念本身并没有错。那么，约翰·劳为什么会失败呢？他的错误又是什么呢？

约翰·劳最初的成功在于，他发现当商品货币短缺时可以通过发行信用或纸币来重新达到最优，这样就弥补了货币不足对经济的影响。但约翰·劳后来的错误在于，他将创造货币等同于创造财富。然而对于国家而言，重要的不是创造货币，而是创造财富。

纸币作为货币的价值符号，现在已经通行世界。如中国的人民币、美国的美元等都是一个国家的法定货币，由国家的中央银行统一发行、强制流通，以国家信用作保障，私人不能印制、发行货币。纸币本身没有金属货币那种内在价值，纸币本身的价值也比国家确定的货币价值要小得多，它只是一种货币价值的符号。

如果单从纸币本身的质地看，它自身的价值几乎可以忽略不计。但是，纸币不仅可以交换任何商品，甚至连昔日的货币贵族——黄金都可以交换。这是为什么呢？要回答这个问题，我们还是从纸币的历史说起。

世界上最早的纸币出现在中国。北宋时期，四川缺铜，流通中主要使用铁钱。铁钱易腐烂、价值低，10单位铁钱只相当于1单位铜钱，用起来极为笨重。比如，买一匹布需要铁钱2万，重达500斤。为了解决这个问题，一些富有的商人就开起了“交子铺”，人们可以把笨重的铁钱交给交子铺保管，同时换取交子铺开出的纸票——交子，然后拿着轻便的交子去买卖货物，交子铺则收取一定比例的保管费。最早的交子印有密码、花押，以防伪造，金额是兑换时临时填写的。后来，有些富商联合起来，共同发行数额已经写好的标准化交子。

有了交子和交子铺，人们可以随时把钱币换成交子用于买卖，也可以随时凭交子从交子铺兑换现钱，确实大大便利了流通。但是问题出现了，如果发行交子的商人不讲信用，或者因经营亏损而拿不出别人要兑换的现钱，甚至是弄虚作假，就会导致交子票无法兑现，持有交子的人就会和开交子铺的富商打起官司来。后来，北宋政府不得不进行干预，禁止私人发行交子，改由政府印制发行官方交子，称为钱引。可惜的是，由于种种原因，这种纸币未能持续流通。

纸币诞生后，在很长的时期内只能充当金属货币（主要是黄金，也有的国家是白银）的“附庸”，就像影子一样，它只不过是黄金的价值符号。在很长的历史时期里，金本位制都是人类社会的基本货币制度，但它存在着先天无法克服的缺陷。

困扰金本位制的就是纸币与黄金的比价和数量问题。当依据黄金发行纸币的时候，必须确定一个比价，而此后不论是黄金数量发生变化还是纸币数量发生变化，原先的比价都无法维持，金本位制也就无法稳定运行。

英国最早实行金本位制，国家规定纸币与黄金的固定比价，纸币可以自由兑换黄金。第一次世界大战期间，英国为了筹措军费，大量发行纸币，同时从美国购买军用物资，支付了大量的黄金。纸币发行量剧增，黄金储备量急剧下降，原先纸币和黄金的比价无法维持。英国不得不在战时停止英镑兑换黄金，暂时放弃金本位制。在1929至1933年世界经济大危机中，英镑大幅度贬值，最终，英国政府于1931年9月20日正式宣布取消金本位制。

这个问题在后来的布雷顿森林货币体系中仍然存在，并最终导致了布雷顿森林货币体系的崩溃。

金本位制最终崩溃并退出历史舞台后，纸币再也不能直接兑换成黄金，也就是不能直接兑换回金属货币，纸币这个金属货币的“附庸”终于走上了舞台的中央，成为货币家族的主角。纸币成为本位货币，以国家信用作保障，依靠国家的强制力流通。

从美元到美金

前面我们曾经说过：黄金是天然的货币。事实上，在人类的文明史里，无论国家、信仰、种族发生了何种变换，黄金始终都是世人公认的财富形式。尽管这种信任曾经随着金矿的发现而产生波动，比如15世纪的地理大发现使得大量的金银进入西欧，物价飞涨，但随后经济学家们发现，金银的增加仅仅引起物价的飞涨，人们的生活水平并没有提高。为了摆脱黄金数量带来的波动，经济学家威廉·费雪甚至提出了激进的方案：如果黄金价格相对于其他商品价格下降了，那么就应该提高美元中黄金的含量，从而确保相对于其他商品价格而言，美元始终保持相对稳定；如果黄金价格上升了，那么就应该相应地减少美元中黄金的含量。当然，这样的方案只是一种理想状态，因为黄金含量的变化并不能随意改变，但是，重大的货币改革已经为时不远了。

在布雷顿森林货币体系前，两次世界大战之间的20年中，当时的国际货币体系已分裂成几个相互竞争的货币集团，各国货币竞相贬值、动荡不定，因为每一个经济集团都想以牺牲他人利益为代价，解决自身的国际收支和就业问题，呈现出一种无政府状态。但是在第二次世界大战后，各国的经济政治实力发生了重大变化，美国登上了资本主义世界盟主地位，美元的国际地位因其国际黄金储备的巨大实力而空前稳固。这就使建立一个以美元为支柱的有利于美国对外经济扩张的国际货币体系成为可能。一个必须解决的问题是，真正需要保持的是美元作为总体的产品和劳务的购买力，而不是专门保持黄金的稳定。可是，黄金的数量也是不稳定的，因此美元和金银挂钩并不能确保交割的稳定性。

美国新罕布什尔州有个地方叫布雷顿，一次真正改变黄金命运的会议就在那里的华盛顿山大旅社召开。1944年，来自44个国家或政府的代表们签署了布雷顿森林货币体系。它是以美元为中心的，规定美元与黄金挂钩，其他国家货币与美元挂钩，一盎司黄金对应35美元。所有其他的货币兑换美元的汇率都是固定的。这种体系使得美国可以决定货币和经济政策，其他国家必须要顺应美国的政策，但是同时也从固定汇率和国际金融体系的稳定中获得了益处。这个体系使美元在战后国际货币体系中处于中心地位，美元成了黄金的“等价物”，各国货币只有通过美元才能同黄金发生关系。从此，美元就成了国际清算的支付手段和各国的主要储备货币。

布雷顿森林货币体系的建立，在第二次世界大战后相当一段时间内，确实带来了国际贸易空前发展和全球经济越来越相互依存的时代。但布雷顿森林货币体系存在种种缺陷。一方面，美元作为国际支付手段与国际储备手段，只有美元币值稳定，才会在国际支付中被其他国家所普遍接受。而美元币值稳定，不仅要求美国有足够的黄金储备，而且要求美国的国际收支必须保持顺差，从而使黄金不断流入美国而增加其黄金储备。否则，人们在国际支付中就不愿接受美元。但另一方面，长期贸易逆差必然会影响人们对美元的信心，从而引起美元危机，而美国如果要保持国际收支平衡，就会断绝国际储备的供应，造成国际清偿能力的不足。

这种矛盾终于慢慢爆发了。从20世纪50年代后期开始，随着美国经济竞争力逐渐削弱，其国际收支趋向恶化，出现了全球性“美元过剩”情况。

20世纪60年代，石油输出国组织成立，并决定把油价从2美元涨到12美元。尽管西方国家以武力相逼，最终石油输出国组织还是赢了。由于基础原料价格突然高涨，美国经济遭到重创。再加上美国还背上了越南战争的包袱，各国对美国的信任大减，纷纷拿出储备中的美元换取黄金。尼克松总统于1971年8月15日决定，放弃固定汇率，实行黄金与美元比价的自由浮动。美元不再成为世界货币围绕的中心，这意味着布雷顿森林货币体系崩溃了。

虽然没有以黄金为本位固定汇率制度，但是国际贸易依然存在，一国的汇率还是要以另一国汇率为基准。美国人这时留了最关键的一手，即迫使海湾国家以及其他资源密集国都同意将大宗商品、能源、粮食等以美元计价，这等于让美元与石油等大宗商品挂钩了，使得美元在布雷顿森林货币体系崩溃后仍然是世界首要的贸易货币。大多数国家的货币还是只能以美元为基准而自由浮动，并没有形成不同国家用不同基准货币的多头自由浮动国际金融体系。

随着中国经济实力的日益强大，在某些国际贸易中，也出现了以人民币作为结算货币的现象，但是范围和影响程度仍然是很有限的。

欧元的诞生

每年春夏之交，位于德国西陲的亚琛城举世瞩目。因为此时，这座古老的帝王之都要向那些为欧洲事业做出特殊贡献的人颁发“卡尔奖”。该奖创立于1950年，是以曾在公元8—9世纪统一了从埃布罗河到易北河流域的卡尔大帝的名字命名的，专门用以奖励为欧洲统一事业做出杰出贡献的人、机构或事物。温斯顿·丘吉尔、雅克·德洛斯、瓦茨拉夫·哈维尔，还有阿登纳和德国前总理科尔，都曾荣获过这一著名的欧洲大奖。

2002年，“卡尔奖”第一次颁发给一个理念，这个理念就是欧元。“卡尔奖”董事会介绍，之所以把这一殊荣给了欧元，是因为欧元代表了欧洲一体化的思维，加强了欧洲人的共同意识，在促进欧洲一体化上具有重要的政治和经济意义。

第二次世界大战后，遭受重创的欧洲各国开始怀念古罗马时代的辉煌，这片土地上的人们普遍认为，只有统一而强大的欧洲才能获得持久的幸福和安宁，而分裂的欧洲始终存在着不安全的隐患和危机。于是他们设想沿着经济、法律、政治、军事的途径，循序渐进地统一欧洲。这一切都要从经济统一开始，事实上，欧洲人早就开始着手了。

1957年，法国、联邦德国、意大利、荷兰、比利时、卢森堡等六国在签署《罗马条约》的时候，提出了“建立经济和货币同盟”的设想，希望建立一个统一的欧洲货币，以提高各成员国之间经济合作的水平和效率。

1967年，欧共体成立后，建立单一欧洲货币的设想被提上了议事日程。

20世纪60年代末，以美元为中心货币的世界货币体系发生危机后，时任卢森堡首相的皮埃尔·维尔纳发出欧洲货币融合的倡议。“维尔纳计划”被视为通向欧元道路上的第一座里程碑。

1969年12月，欧共体海牙首脑会议制定了有关“建立经济与货币联盟”（以下简称“经货联盟”）计划。

1972年4月，欧共体六国决定建立欧洲货币“蛇形浮动体系”。

1978年，欧共体9国同意建立旨在稳定汇率的“欧洲货币体系”。

1979 年 3 月，欧洲货币体系开始生效。欧洲货币单位“埃居”（ECU）成为欧洲记账单位。

1986年2月，欧共体12国签署一体化文件，该文件为建立统一大市场规定了期限。

1989年4月，以时任欧共体委员会主席雅克·德洛尔为首的工作小组提出经货联盟分三步走的计划。

1990年，经货联盟第一阶段开始实施，资本流动自由化。

1991年12月，欧共体首脑会议通过了《马斯特里赫特条约》（简称《马约》）。条约计划从1999年起实行统一货币。

1993年1月1日，欧洲统一大市场正式全面实施，12个成员国之间取消内部边界，实现商品、资本、人员和劳务的全部或部分自由流通。

1993年11月1日，《马斯特里赫特条约》开始生效。

1994年1月1日，经货联盟进入第二阶段。欧洲货币局正式成立并运作。

1995年12月15日，欧洲理事会马德里会议确定单一货币名称为“欧元”（Euro）。

1996年4月2日，欧洲货币局公布欧元的设计方案。

1997年6月16日，欧盟阿姆斯特丹首脑会议正式批准了《稳定和增长公约》《欧元的法律地位》和《新的货币汇率机制》3个文件。

1998年5月1日，欧盟布鲁塞尔首脑特别会议确认比利时、法国、德国、意大利、西班牙、荷兰、卢森堡、葡萄牙、奥地利、芬兰和爱尔兰共11国为欧元创始国。

1998年7月1日，欧洲中央银行取代原欧洲货币局。行址设在德国法兰克福。

1999年1月1日，经货联盟进入第三阶段。欧元如期启动，进入账面流通。欧洲中央银行接过确定货币政策的大权，各成员国货币的汇率最终锁定。

2000年6月，希腊成为第12个欧元区国家。

2002年1月1日，欧元纸币和硬币正式进入欧元区12国流通市场。

经过了十余年的准备，12个欧洲国家走到了一起，他们将放弃本国的原有货币，使用欧盟的统一货币——欧元。在2002年年初的几天里，近3亿人民将他们手中的原有货币替换成欧元。这次替换将涉及140亿欧元纸币和500亿欧元硬币，其运作规模空前绝后。欧元的大规模更替标志着欧洲经济一体化进程向纵深发展，欧元的正式流通将影响着美元在各地外汇市场里的走势，不断地冲击着美元在国际金融领域中的垄断地位，并将与金融领域中的其他重要事件一起重新构造21世纪新的国际经济格局。

塞弗是德意志银行的一名普通员工，他是比利时人，和一位漂亮的德国姑娘结婚，定居法兰克福。塞弗的父母住在老家布鲁塞尔，塞弗几乎每周都要开车回家看望父母。

“以前我最头疼的事儿就是开车回家，在德国加好了油出发，下次加油时已经到了比利时境内……”“哦，我不得不带着比利时法郎，除了加油之外我妻子需要在路上买点吃的……回到布鲁塞尔，你知道，买东西都需要比利时法郎。以前我的钱包里总是装着两种货币——德国马克还有比利时法郎”“现在情况好多了，我们有了欧元，一切变得方便多了。每次回家我都忘记已经‘出国’了……”塞弗得意地笑着，“到现在我还清楚地记得那次盛大的庆祝活动，我也在欢庆的人群当中。”

历经19个世纪的漫长等待，欧洲在罗马帝国灭亡后再一次实现了货币统一。

欧元使欧盟获得了走向更紧密联合发展的基础，欧元的意义不仅仅是一种货币单位，其重要性在于它淡化了欧洲地区的疆域和国别概念，是欧洲各国团结的标志。随着500亿枚欧元硬币和150亿张欧元纸币进入流通领域，12个欧元国世代使用的本国货币将结束其历史使命。这一伟大壮举似乎昭示着“欧罗巴合众国”时代的到来。

第二章

信用简史

信用的起源

在货币经济发展的过程中，信用也逐渐发展起来。

中国上古时代的舜是一个做生意的能手，他带领部落的人以贩盐制盐为生，曾留下了“南风之薰兮，可以解吾民之愠兮；南风之时兮，可以阜吾民之财兮”的诗句。意思是温暖的南风吹来，能把盐池的盐粒生产出来，从而可以解决部落之民的生活之虞。文献记载舜“顿丘买贵，于是贩于顿丘；传虚卖贱，于是债于传虚”。顿丘（今河南浚县）缺少某种东西（盐），所以价格高，舜就把这种东西贩运到顿丘来卖；传虚（今山西运城境内）某种东西有余，所以价格低，就以赊购（债）方式收进。

值得注意的是，舜在交易中就已经使用了赊购、债务等商业信用。

在人类早期的经济活动中，商品流通出现了矛盾——“一手交钱、一手交货”的方式由于受到客观条件的限制经常不容易实现。例如，一些商品生产者出售商品时，购买者可能因自己的商品尚未卖出而无钱购买。于是，赊销即延期支付的方式应运而生。赊销意味着卖方对买方未来付款承诺的信任，意味着商品的让渡和价值实现发生时间上的分离。这样，买卖双方除了商品交换关系之外，又形成了一种债权债务关系，即信用关系。当赊销到期、支付货款时，货币不再发挥其流通手段的职能而只充当支付手段。这种支付是价值的单方面转移。正是由于货币作为支付手段的职能，使得商品能够在早已让渡之后独立地完成价值的实现，从而确保信用的兑现。整个过程实质上就是一种区别于实物交易和现金交易的交易形式，即信用交易。

后来，信用交易超出了商品买卖的范围。作为支付手段的货币本身也加入了交易过程，出现了货币借贷活动。从此，货币的运动和信用关系联结在一起，并由此形成了新的范畴——金融，现代金融业正是信用关系发展的产物。

在市场经济发展初期，市场行为的主体大多以延期付款的形式相互提供信用，即商业信用；在市场经济较发达时期，随着现代银行的出现和发展，银行信用逐步取代了商业信用，成为现代经济活动中最重要的信用形式。

总之，信用交易和信用制度是随着商品货币经济的不断发展而建立起来的；进而，信用交易的产生和信用制度的建立促进了商品交换和金融工具的发展；最终，现代市场经济发展成为建立在错综复杂的信用关系之上的信用经济。

信用创造学派的兴起

在货币金融学中有一个重要的学派，即以18世纪的约翰·劳为先驱、以19世纪的麦克劳德、阿伯特·韩以及20世纪的熊彼特等人为代表的“信用创造学派”。在这一学派的眼中，信用就是货币，货币就是信用；信用创造货币；信用形成资本。

18世纪的约翰·劳说：“信用是必要的，也是有用的，信用量增加与货币量的增加有同样的效果，即它们同样能产生财富、兴盛商业。”“通过银行所进行的信用创造，能在一年之内比从事十年贸易所增加的货币量多得多。所以，法国如欲富庶，实在有求助于信用的必要；不然，比之于利用信用的其他列强，法国即将陷入贫弱的状况。”“只要货币丰富，即能够创造一国之繁荣；只要有信用设施（主要指银行等），即可以供应丰富之货币，给经济以最初的冲击；依靠这种冲击，就能够为法国产出大量的财富。”约翰·劳的基本逻辑是这样的：货币就是财富——货币不必是金银，而以土地、公债、股票等为保证所发行的纸币为最好——纸币是银行的一种信用——银行通过供给这种信用，就可提供丰富的货币——给经济以最初的冲击——依靠这种冲击，就可以使国家富强、经济繁荣；总之，信用即货币；货币即财富，即资本。

麦克劳德在他的《信用的理论》中指出：“人们以生产物与劳务和人交换，而换得货币，此货币既不能用以果腹，也不能用以蔽体，然而人们却乐于用其生产物与劳务换取货币，这是为什么呢？就是因为换得货币以后，可在需要之时，凭以换取所需之物的缘故。所以，货币的本质不过是向他人要求生产物与劳务的权利或符号，从而实为一种信用……因此，金银货币也可以被称为金属信用。”麦克劳德认为信用与货币两者的本质是一致的，信用的创造就是货币的增加，两者可以统一于“通货”的概念之下，只是在程度上有所不同：

（1）信用只有单一的价值，但是货币却有多数的价值或者一般的价值，信用只是对某个人的要求权，但是货币却是对一般商品的要求权；

（2）信用只有特殊的不确定的价值（因为债务人死亡或者破产，信用就变得没有价值了），而货币则有持久的价值。

阿伯特·韩被公认为信用创造理论的代表人物，他于1920年出版了《银行信用之国民经济的理论》，影响很大。他是这样论述信用就是货币的："为了支付的目的，从一人转让给他人的支票或者存款划条，就法律的观点来看，自然只是兑取货币的凭证，但从经济的观点来看，只要它需要兑换成本位货币而完成了货币的功能，则它就不只是兑取货币的凭证，而实是货币本身。""向银行兑取货币的凭证，只要它确实可靠，为任何人所愿意接受，则它就被当作货币而流通了。"阿伯特·韩的理论重点在于阐明了信用能够形成资本。他认为信用愈扩，利率愈低，资本商品的生产就愈多，从而资本也就愈能形成；相反，信用愈缩，利率愈高，资本商品的生产即愈少，从而资本即不易形成。他的著名命题就是："资本形成不是储蓄的结果，而是信用提供的结果。""假如说需求对生产是第一性的，那么信用提供对资本形成也是第一性的。若是没有信用提供则任何资本商品都不能够生产，因而资本形成就不可能。信用供给能引起资本形成，恰如需求能引起生产一样。"

熊彼特则指出："更有用的方法可能是从信用交易着手，把资本主义金融看成是一种清算制度，它抵消债权债务，将差额转移到下期——使得'货币'支付成为特殊情况，没有任何特殊的根本重要性。换言之，从实际上和分析上来讲，一种信用货币理论可能要优于一种货币信用理论。"

其他的一些著名经济学家也做过相似意义的评说。罗宾逊夫人就曾经明确地指出："货币实际上就是信用问题。"瑞典学派的代表人物维克赛尔也认为："严格地说，我们可以断定，一切货币——包括金属货币——都是信用货币。这是因为直接促使价值发生的力，主要在于流动工具收受者的信心，在于他相信借此能够获得一定数目的商品。不过纸币只享有纯粹的地方信用，而贵金属则多少是在国际范围内被接受的。但是一切只是一个程度上的问题。”

商业信用的发展

有一个很有名的人叫巴伦支，他是荷兰的一名船长。1596年，他试图找到从北面到达亚洲的路线。他们经过了三文雅，到达一座俄罗斯的岛屿，但是被冰封的海面困住了。

三文雅地处北极圈之内，巴伦支船长和17名荷兰水手在这里度过了8个月的漫长冬季。他们拆掉了船上的甲板做燃料，以便在零下40摄氏度的严寒中维持体温；他们靠打猎来获取勉强维持生存的衣服和食物。

在这样恶劣的险境中，8个人死去了。但荷兰人却做了一件令人难以想象的事情，他们丝毫未动别人委托给他们的货物，而这些货物中就有可以挽救他们生命的衣物和药品。

冬去春来，幸存的荷兰人终于把货物几乎完好无损地带回荷兰，送到委托人手中。他们用生命作代价，守望信念，创造了传之后世的经商法则。在当时，这样守信的做法也给荷兰商人带来了显而易见的好处，那就是赢得了海运贸易的世界市场。

这是一则著名的关于商业信用的故事。那么请思考一下，商业信用的意义是什么呢?

商业信用是社会信用体系中最重要的一个组成部分，由于它具有很大的外在性，因此，在一定程度上影响着其他信用的发展。从历史的维度而言，中国传统的信用本质上是一种道德观念，包括两个部分，一部分为自给自足的以身份为基础的熟人社会的私人信用，另一部分为相互依赖的契约社会的商业信用。

说得再具体一点：

商业信用是企业在正常的经营活动和商品交易中由于延期付款或预收账款所形成的企业常见的信贷关系。

商业信用是在商品销售过程中，一个企业授予另一个企业的信用。如原材料生产厂商授予产品生产企业，或产品生产企业授予产品批发商，产品批发商授予零售企业的信用。

商业信用是指工商企业之间相互提供的、与商品交易直接相联系的信用形式，包括企业之间以赊销分期付款等形式提供的信用以及在商品交易的基础上以预付定金等形式提供的信用。

一句话，商业信用关系到我们日常商业生活的方方面面。

从本质上而言，商业信用是基于主观上的诚实和客观上对承诺的兑现而产生的商业信赖和好评。所谓主观上的诚实，是指在商业活动中，交易双方在主观心理上诚实善意，除了公平交易之理念外，没有其他欺诈意图和目的；所谓客观上对承诺的兑现，是指商业主体应当对自己在交易中向对方做出的有效的意思表示负责，应当使之实际兑现。

商业信用的形式主要有：赊购商品、预收货款和商业汇票。

赊购商品，是一种非常典型的商业信用形式。按期是否支付代价分为免费信用、有代价信用和展期信用三种。

（1）免费信用。企业无须支付任何代价而取得的信用，一般包括法定付款期限和销售者允许的折扣期限。目前，我国“欠账”方式的应付账款则是没有时间限制的免费信用，容易引发拖欠行为。

（2）有代价信用。是指企业需要支付一定代价而取得的信用。购买者如需取得商业信用，则需要放弃折扣，而所放弃的折扣就是取得此种信用的代价。

（3）展期信用。是指企业在销售者提供的信用期限届满后以拖延付款的方式强制取得信用。它是明显违反结算制度的行为，且会影响企业信誉，是不可取的。

预收货款，是指销货单位按照合同或协议规定，在付出商品之前向购货单位预先收取部分或全部货物价款的信用行为。它等于向购货单位先借一笔款项，然后用商品归还，这是另一种典型的商业信用形式。

商业汇票，是指单位之间根据购销合同进行延期付款的商品交易时，开具的反映债权债务关系的票据，是现行的一种商业票据。

商业汇票必须经过承兑，即由有关方在汇票上签章，表示承认到期付款。根据承兑人不同，商业汇票分为商业承兑汇票和银行承兑汇票。

商业汇票在同城、异地均可使用。汇票承兑期限由交易双方商定，一般为1～6个月，最长不超过9个月。如属分期付款，应一次签发若干期不同期限的汇票。汇票经承兑后，承兑人即付款人有到期无条件支付票款的责任。

商业汇票是一种期票，是反映应付账款或应收账款的书面凭证，在财务上作为应付票据或应收票据处理。采用商业汇票可以起到约期结算、防止拖欠的作用。由于汇票到期要通过银行转账结算，这种商业信用便纳入银行信用的轨道。

商业汇票作为一种商业票据，可分为无息票据和有息票据两种。无息票据属于免费信用。如开出的是无息票据，则所承担的票据利息就是应付票据的筹资成本。

其实，在经济生活中，信用就像货币一样，尽管在用它，但它随时处于贬值状态，商业信用也是如此。为什么会贬值？因为经济在发展，也因为经济中存在泡沫。可以这样说，经济危机大部分是由信用危机引发的，因为信用危机会产生信任危机，并因此形成一个连锁反应，直至经济循环遭到破坏。

国家信用的发展

战国大变革时期，商鞅欲在秦国变法，唯恐老百姓不信，于是命人在都城的一个城门前，放了一根高三丈的木柱，并到处张贴告示："谁能把城门前那根木柱搬走，官府就赏他五十金。"老百姓看到告示后议论纷纷。大家怀疑这是骗人的举动，但一个年轻力壮、膀大腰圆的小伙子说："让我试试看吧！我去把城门那木柱搬走，要是官府赏钱，就说明他们还讲信用，往后咱们就听他们的；如果不赏钱，就说明他们是愚弄百姓。他们往后说得再好，我们也不信他们那一套了。"说罢，小伙子来到城门前把那根木柱搬走了。商鞅听到这一消息，马上命令赏给那人五十金。那位壮汉看到自己果真得到了五十金，不禁开怀大笑，一边炫耀那五十金，一边对围观的老百姓说："看来官府还是讲信用的啊！"这事一传十，十传百，不久就传遍了整个秦国。"移木立信"后，国家信用深深植根于社会，社会信用由此孕育发展。商鞅下令变法，秦国从此政行令通。

移木立信的故事我们都曾听说过，它其实就是国家信用的树立过程。那么，国家信用在金融市场中起到了什么样的作用呢？国债与国家信用又有怎样的关系呢？

国家信用是以国家为主体进行的一种信用活动。国家按照信用原则以发行债券等方式，从国内外货币持有者手中借入货币资金，说白了，国家信用其实是一种国家负债。国家信用既是国家为弥补收支不平衡、建设资金不足的一种筹集资金方式，同时也是实施财政政策、进行宏观调控的一种措施与手段。

国家信用影响了金融市场发展的全过程。在资本的原始积累时期，国家信用是强有力的杠杆之一。在资本主义制度下，政府债券主要是通过资本主义大银行或在公开金融市场上发行的，银行不仅可以从中取得大量回扣，而且政府发行的各种债券还为银行的股份公司提供了大量虚拟资本和投机的重要对象。并且随着资本主义经济危机和财政危机的加深，通过国家信用取得的收入，已成为国家财政收入的重要来源，是弥补亏空的主要手段。在现代西方发达国家，国家信用已不单纯是取得财政收入的手段，而且还是调节经济运行的重要经济杠杆。

随着资本主义的发展，国家信用甚至从国内发展到了国外，即一国政府以国家名义向另一国政府或私人企业、个人借债以及在国际金融市场上发行政府债券。它既成为弥补一国财政赤字的手段，也成为调节国际收支、调节对外贸易的有力杠杆。这种国家信用主要作用不是弥补经常性财政收支出现的赤字，而是聚集资金用于经济建设。特别是对国外发行政府债券，一方面可以弥补国内建设资金的不足，另一方面也可以引进国外先进技术，扩大对外贸易，调节国际收支。国家信用的财务基础是国家将来偿还债务的能力，这种偿债能力取决于属于国家（全体人民）的财务资源是否丰厚，它的现金流来源于三个方面：国家的税收收入、政府有偿转让国有资产（包括土地）获得的收入以及国家发行货币的专享权力。

那么国家信用的基本形式都有哪些呢？

（1）公债。这是一种长期负债，一般在1年以上甚至10年或10年以上，通常用于国家大型项目投资或较大规模的建设。在发行公债时并不注明具体用途和投资项目。

（2）国库券。这是一种短期负债，以1年以下居多，一般为1个月、3个月、6个月等。

（3）专项债券。这是一种指明用途的债券，如中国发行的国家重点建设债券等。

（4）财政透支或借款。在公债券、国库券、专项债券仍不能弥补财政赤字时，余下的赤字即向银行透支和借款。透支一般是临时性的，有的在年度内偿还。借款一般期限较长，一般隔年财政收入大于支出时（包括发行公债收入）才能偿还。有的国家（如中国）只将财政向银行透支和借款算为财政赤字，而发行国库券和专项债券则作为财政收入而不在赤字中标示。

说到国债，大家可能会比较了解，它是近些年的个人投资热点，收入稳定，而且安全。其实国债在我国很早就出现了。战国后期，周赧王听信楚孝烈王，用天子的名义召集六国出兵伐秦，他让西周公拼凑6000名士兵，由于没有军费，只好向富商地主借钱，承诺可在周军回朝之时，用借券来换取战利品。可六国根本不听他的话，周军草草收兵，他借的钱也很快就花完了，债主纷纷上门讨债，他只好隐藏在宫中的一座高台上。这也是成语“债台高筑”的由来。看来国家信用是一定要以雄厚的实力来支撑的。

我们现在买卖的国债，大致有四种：

（1）凭证式国债。是一种国家储蓄债，可记名、挂失，以“凭证式国债收款凭证”记录债权，不能上市流通，从购买之日起计息。在持有期内，持券人如遇特殊情况需要提取现金，可以到购买网点提前兑取。提前兑取时，除偿还本金外，利息按实际持有天数及相应的利率档次计算，经办机构则按兑付本金的2‰收取手续费。

（2）无记名（实物）国债。是一种实物债券，以实物券的形式记录债权，面值不等，不记名、不挂失，可上市流通。发行期内，投资者可直接在销售国债机构的柜台购买。在证券交易所设立账户的投资者，可委托证券公司通过交易系统申购。发行期结束后，实物券持有者可在柜台卖出，也可将实物券交证券交易所托管，再通过交易系统卖出。目前已停止发行。

（3）储蓄国债（也称电子式国债）。是政府面向个人投资者发行、以吸收个人储蓄资金为目的，满足长期储蓄性投资需求的不可流通记名国债品种。电子储蓄国债就是以电子方式记录债权的储蓄国债品种。

（4）记账式国债。以记账形式记录债权，通过证券交易所的交易系统发行和交易，可以记名、挂失。投资者进行记账式证券买卖，必须在证券交易所设立账户。由于记账式国债的发行和交易均采用无纸化的方式，所以效率高、成本低，交易安全。

银行信用的发展

1976年，孟加拉国的经济学家尤努斯将27美元借给42名农村妇女用于生产，使她们摆脱了贫穷。随后，他逐步建立起了孟加拉国乡村银行——格莱珉银行。任何妇女，只要能够找到4个朋友，在必要时候同意归还贷款，那么格莱珉银行就向其发放贷款。如果借款人违约，其他人在贷款还清之前就不能借款。

这一做法非常成功。根据格莱珉银行官网发布的数据，截至2021年上半年，格莱珉银行的业务覆盖全国81678个村庄，贷款回收率高达95%。这家成功的银行已经向超过935万人提供贷款，其中97%是女性，多达910万户。并且，在亚洲、非洲、拉丁美洲，已经有近百家银行模仿该做法。传统的经济理论无法支撑这种想法，尤努斯却为此打开了一扇新的大门。

我们从故事里的借贷中看到的就是银行信用。那么，银行信用有什么特点呢？它又是怎样评级的呢？

银行信用是由商业银行或其他金融机构授给企业或消费者个人的信用。在产品赊销过程中，银行等金融机构为买方提供融资支持，并帮助卖方扩大销售。商业银行等金融机构以货币方式授予企业信用，贷款和还贷方式的确定以企业信用水平为依据。商业银行对不符合其信用标准的企业会要求其提供抵押、质押作为保证，或者由担保公司为这些企业做出担保。后一种情况实质上是担保公司向申请贷款的企业提供了信用，是信用的特殊形式。银行信用的概念说起来有点烦琐，其实生活中，我们每个人都曾经感受过银行信用，比如向银行做各种贷款、申领信用卡等。

在社会信用体系中，银行信用是支柱和主体信用，是连接国家信用和企业信用、个人信用的桥梁，在整个社会信用体系的建设中，具有先导和推动的作用。可以说，银行信用的正常化是整个社会信用健全完善的重要标志，也是构筑强健金融体系的基石。

银行信用是间接信用，是存贷款人的中介。但银行作为中介人，与一般商业经纪人、证券经纪人不同，存款人除按期取得利息外，对银行如何运用存入资金无权过问。正因如此，银行在资本主义经济中由简单的中介人逐步发展成“万能的垄断者”。在资本主义社会，银行信用是主体，但商业信用是整个信用制度的基础。因为银行贷款一般是针对商业票据进行抵押或贴现，银行直接对企业发放的不要任何担保品的信用贷款只占一定比重。从直接信用和间接信用的关系来看，直接信用是基础，间接信用是后盾。没有银行信用的支持，商业票据就不能转化为银行信用，商业信用等直接信用的运用和发展就会受到极大削弱。

一般来说，银行信用具有以下特点：

（1）银行信用是以货币形态提供的。银行贷放出去的已不是在产业资本循环过程中的商品资本，而是从产业资本循环过程中分离出来的暂时闲置的货币资本。它克服了商业信用在数量规模上的局限性。

（2）银行信用的借贷双方是货币资本家和职能资本家。由于提供信用的形式是货币，这就克服了商业信用在使用方向上的个中局限性。

（3）在产业周期的各个阶段上，银行信用的动态与产业资本的动态往往不相一致。

此外，商业银行都会进行信用评级，这是对银行内在的安全性、可靠性的判断，反映了对银行陷入困境而需要第三方（如银行所有者、企业集团、官方机构等）扶持的可能性的意见。商业银行财力级别定义为：

AAA级银行拥有极强的财务实力。通常情况下，它们都是一些主要的大机构，营运价值很高且十分稳定，具有非常好的财务状况以及非常稳定的经营环境。

AA级银行拥有很强的财务实力。通常情况下，它们是一些重要的大机构，营运价值较高且比较稳定，具有良好的财务状况以及较稳定的经营环境。

A级银行拥有较强的财务实力。通常情况下，它们具有一定的营运价值且相对稳定。这些银行或者在稳定的经营环境中表现出较好的财务状况，或者在不稳定的经营环境中显示出可以接受的财务状况。

BBB级银行的财务实力一般。它们常常受到以下一个或多个因素的限制：不稳固或正处于发展中的营运价值，较差的财务状况或不稳定的经营环境。

BB级银行财务实力很弱。周期性地需要或最终需要外界的帮助与支持。这类机构的营运价值不可靠，财务状况在一个或多个方面严重不足，经营环境极不稳定。

B级银行是银行财务实力最弱的一个级别。这类银行缺乏必要的营运价值，财务状况很差，经营环境极不稳定，经常需要外界的扶持。

当然，为了维护银行信用避免坏账，银行在发放贷款时通常都要求贷款人提供抵押物，就是根据借款客户的全部或者部分资产作为抵押品的放款，放款银行有权接管、占有抵押品，并且在进一步的延期、催收均无效时，有权拍卖抵押品，以此收益弥补银行的呆坏账损失。

古老的高利贷

莎士比亚在戏剧《威尼斯商人》中描述了这样一个故事：犹太商人

夏洛克为人刻毒、贪婪，而基督教徒安东尼奥则乐善好施，借钱从不收利息，坏了夏洛克不少生意，为此夏洛克怀恨在心。一次，安东尼奥为帮助好友，不得已向夏洛克借高利贷。夏洛克不收利息，但却同安东尼奥签了一个生死契约，如到期不能归还就从安东尼奥身上割一磅肉。后来安东尼奥不能如期偿还借款，双方诉讼至法院。夏洛克坚决要按照契约割肉，聪明的鲍西娅假扮律师，出庭为安东尼奥辩护。她准许安东尼奥割肉，但依照“契约”不能多一点，也不能少一点，否则就要夏洛克抵命，财产全部充公。夏洛克于是败诉。

在这个故事中，夏洛克就是一个典型的高利贷发放者，代表了社会的阴暗面。高利贷这种民间信用形式从古至今都一直存在，屡禁不绝。那么，高利贷产生的原因是什么呢？

所谓高利贷信用，就是以取得高额利息为特征的借贷活动。无论在东方还是西方，高利贷在人类最古老的社会即已存在，在前资本主义社会经济生活中，高利贷甚至是占据经济统治地位的信用形式。比如说在旧中国，借贷习惯按月计息，月息3分，即3%，这在现在看来，有点高得不可思议，但在当时已经是最“公道”的水平。月息3%，即使不计复利，年息也达36%。比现在的银行利率水平高好几倍。但是，那时实际的月息通常大大高于3%。至于高到何种程度，很难说出上限。

那么高利贷是怎样界定的呢？经济史学者通常会按照如下方式定义高利贷：选定一个“我们觉得合适”的数字，比如20%的年利率，然后把利率超过了20%的任何借贷定义为高利贷。这样的定义从字面意思上看并没有错，因为超过20%的利率的确比较“高”。

高利贷产生于原始社会末期，在奴隶社会和封建社会，它是信用的基本形式。换句话说，在资本主义社会出现之前，在现代银行制度建立之前，民间放贷都是利息很高的。在当时，由于私有制出现，贫富分化，人们开始采用还本付息方式借贷。因当时剩余产品有限，可贷资财极少，借入者只有付出高额利息才能得到急需的商品和货币。这是高利贷产生的历史根源。

高利贷在奴隶社会和封建社会中都是占主导地位的基本信用形式。当时小生产占主导地位的自然经济是其存在的客观基础。在奴隶社会和封建社会，生产力水平低下，小生产者的经济极不稳定，其生活常常陷入窘迫境地。而且他们往往还背负各种苛捐杂税，为维持简单再生产不得不向高利贷者借贷。高利贷的另一个放贷对象是奴隶主和封建主，他们为维持荒淫无度的奢侈生活或出于政治斗争的需要，不顾高利去借高利贷。由于高利贷的借者不是为了获得追加资本进行经营，而只是为了获得购买手段和支付手段，所以只能忍受高利盘剥。

由于高利贷的高额利息侵吞了经营者的大部分甚至全部利润，同时又极力维护高利贷存在的基础，阻止资本主义生产方式的发展，这是新兴资产阶级所不能允许的，他们必定要起来与高利贷作斗争。

这种斗争并不是一般地反对借贷关系，而是要借贷关系服从资本主义发展的需要。其斗争的焦点就是要使得利息率降低到平均利润率。同样的资本要获得同样的利润，借贷的利息也要符合这个规律的要求。这种斗争的手段最初是法律，也就是用法律来限制利息率。例如，英国1545年的借贷利息为6%，1714年又把上限降到5%。当高利贷垄断了信用事业时，任何降低利率的法令都只能在一时一地起些作用，并不能真正动摇其垄断地位的根基。这种斗争最有效的手段，就是建立资产阶级自己的股份银行，通过银行集中大量的社会闲散资金，支持资本主义经济的发展。资本主义比较早的典型股份银行是1694年在英国建立的英格兰银行。英格兰银行的建立就标志着高利贷垄断地位的结束和资本主义现代信用关系的建立。

高利贷信用就是在小生产者不断破产的基础上生存、发展的。在我国，早在西周时期（前1046—前771），高利贷信用就已出现。到了春秋、战国、秦、汉时期，放款收息的事已较普遍。唐、宋以来又有发展，明代中叶以后至清代，高利贷信用更加活跃，国民党政府时期的高利贷十分猖獗。

我国历史上高利贷的利息率很高。年利率在30%～40%是比较低的，自汉代以来就有“倍称之息”的说法，有的时期年利率高达200%～300%。另外高利贷的形式也是多种多样的：

驴打滚：多在放高利贷者和农民之间进行。借贷期限一般为1个月，月息一般为3～5分，到期不还，利息翻番，并将利息计入下月本金。依此类推，本金逐月增加，利息逐月成倍增长，像驴打滚一样。

羊羔息：即借一还二。如年初借100元，年末还200元。

坐地抽一：借款期限1个月，利息1分，但借时须将本金扣除十分之一。到期按原本金计息。如借10元，实得9元，到期按10元还本付息。

由于高利贷有主体分散、个人价值取向、风险控制无力等特点，不可避免地会引发一定的经济和社会问题。一些利率奇高的非法高利贷，经常出现借款人的收入增长不足以支付贷款利息的情况。但在一些时候，由于银行等融资渠道在程序上的烦琐和复杂，也给急需用钱的借贷人带来很多问题，而民间借贷却在这方面起到了无法替代的重大作用。因而，对于民间借贷问题与其严堵，不如合理引导和规范。

个人信用的发展

俗语说："有借有还，再借不难"。这里所说的"再借不难"，原因就在于个人信用。

日本有位企业家总结自己的成功经验时有一条是"晴天打伞"，说自己在经营状况良好时，也定期向银行借钱并按期还款。长期下来就积累了良好的个人信用，当他真的出现资金紧张状况时，银行纷纷伸出援手帮助他渡过难关。这种"晴天打伞"的经验，是对个人信用的生动诠释。

在现代社会，个人信用发展最为迅猛的业务是个人消费信用，例如购房贷款、购车贷款、分期付款等，其中最有说服力的是信用卡的普及。

有关信用卡的产生有过这样一段趣事：一天，美国商人麦克纳马拉在纽约的一家饭店请客吃饭，到了结账时才发现自己没带钱包，他深感难堪，只能打电话叫妻子带现金来结账。这件事让他产生了创建信用卡公司的想法，于是在1920年他和朋友共同创建了"大莱俱乐部"。这个俱乐部为会员提供一种证明自己身份与支付能力的卡片，会员凭借卡片可以记账消费。后来，随着银行信用的介入，这种商业信用卡渐渐转变成了以银行信用为特征的信用卡。信用卡一经面世，很快便风靡起来。

看来，信用卡的出现，它的初衷就是要给人们提供一种信用凭证，让人们可以凭借自己的经济收入与信用，从银行得到一定的信贷额度。因此，真正意义上的信用卡能为人们提供一定限额的消费信贷。而这是信用卡的一个根本标志，也正是因为这样一个功能，信用卡才具有了真正的"信用"意义。

个人信用可以算得上是现代人的另一种“身份证”。千万不要小看了个人信用，良好的信用记录是你的宝贵财富，可以在你申请信贷业务、求职、出国等诸多方面带来便利。如果由于种种原因，在你的信用报告中出现了一些负面的信息，例如，信用卡没有及时足额还款、贷款逾期偿还等，这些信息也会如实展示在个人信用报告上，当这些记录数量较多或金额较大时，可能会影响你的生活。

当你去银行申请贷款时，银行的工作人员就会在你的授权下查询你的信用记录。如果记录显示有借款未及时归还、有费用没有按时缴清，你申请新的贷款可能就会批不下来，毕竟赖账的人是不受欢迎的。如果信用记录良好，你就能够更顺利地获得贷款，甚至还能获得一些优惠。

当然，对于银行来说，信用记录只是进行贷款审查与管理的重要参考，而不是唯一的依据。银行还会通过其他渠道对个人的信用状况进行全面调查和核实。

个人信用的出现是很有必要的，它也是金融信用的一个重要组成部分。比如在借贷时，你告诉对方自己是个很有信用的人，尽管你信誓旦旦，可是空口无凭，对方仍然无法相信你，因此判断一个人讲不讲信用得看他的实际行动。而行动需要客观记录，没有记录，人们就无法了解他的过去，也就无从判断他的将来。

个人征信系统里，就客观地记录着一个人过去的信用活动，它主要包括三类信息：第一类是基本信息，包括个人的姓名、证件号码、家庭住址、参加社会保险和公积金等信息；第二类是个人的信用活动信息，包括贷款、信用卡、担保、电信缴费、公共事业缴费等信息；第三类则是个人的公共信息，包括欠税、法院判决等信息。

在我们国家，个人信用还处在刚刚起步的阶段，但在信用体系发达的国家，个人信用记录应用非常广泛，在贷款、租房、买保险甚至求职时都会用到。一份良好的信用记录会给个人带来许多实惠，他可以享受到更低的贷款利率，获得更高的信用额度，可以更加方便地办理各种手续。由此，信用也变成了一笔切实的财富。

第三章

银行简史

从钱币兑换商到银行

现代意义的银行，按照《中华金融辞库》的解释是“经营存款、贷款、汇兑、结算等业务，充当信用中介和支付中介的金融机构”。不过，银行在起源阶段的功能却非常简单。

“银行”在英语里是bank，来源于意大利语的banco（板凳）。古代的欧洲，大多是小国寡民，一国一种钱币。做生意的人在各国跑来跑去，就要不断兑换钱币，于是在街头就出现了坐在板凳上专门为人兑换钱币的小贩、摊桌，挣个过手费，他们就是最初的“银行家”。所以，“银行”一词在西方各种语言里都是相通的，法语是banque，德语是bank，西班牙语是banco，俄语是банк。不过，古代这些所谓的“银行”仅仅是钱币兑换商而已。

文艺复兴时期前后，欧洲的银行家、商人、教会逐渐结合起来，开拓了资金融通的新领域，除了兑换，借贷、汇兑、票据等各项业务也发展起来，真正的银行出现了。因为商业资本的发展，一些银行开始允许某些票据进入流通，但是票据流通有很大的局限性，比如有时间限制、地域限制，要付利息，甚至可能还有贴水，在转让之际，需要被转让方认可这些利息、期限、贴水之类的附加条件。

1661年，一个叫帕尔姆斯特鲁克的瑞典人想发行一种没有期限、没有利息、可以随时兑现的票券，以便流通，于是他创办了斯德哥尔摩银行，发行了世界上第一张银行券。从此，发行钞票的银行模式在世界上流行开来。

在中国的古代，却不存在银行发展的条件。有两种以上的钱币是钱币兑换商存在的前提。明朝以前，中国基本上是单一使用铜钱的国家，在地域广大的国土中使用一种统一的货币，不存在兑换问题。明朝中期以后，白银成为国家法定货币，大宗贸易和缴纳国家税赋要用白银，民间小额流通却是使用铜钱，银铜之间就有了兑换的需求，中国的钱币兑换业也就应运而生，只是这种兑换业务最终没有发展成为近代的银行。

现代银行业的分工是很细致的，如商业银行、中央银行、政策性银行、投资银行等。最初的货币兑换业务大都保留在商业银行中。

虽然东西方对商业银行的提法不一样，但是对商业银行这一概念大致可理解为：商业银行是以经营工商业存、放款为主要业务，并以获取利润为目的的货币经营企业。

请注意上述定义中的几个要点：第一，商业银行是一个信用授受的中介机构；第二，商业银行是以获取利润为目的的企业；第三，商业银行是唯一能提供“银行货币”（活期存款）的金融组织。

混业、分业与投资银行

2008年是华尔街的多事之秋。2008年9月15日至21日是华尔街历史上最黑暗的一周，雷曼兄弟申请破产保护，美林被美国银行收购，摩根士丹利与高盛宣布转为银行控股公司。再加上2008年3月被摩根大通收购的贝尔斯登，曾经风光无限的华尔街五大投资银行集体消失。对于熟悉美国金融体系的专业人士来说，如此巨变可谓天翻地覆！

那么，投资银行在整个金融生态链中处于什么地位呢？

投资银行家经常被描述成这样一群人：他们的鞋是白色的，“血”是蓝色的，戒指是祖母绿的，皮鞋是意大利定制的；他们每周去圣公会教堂做礼拜，坐在第一排；除了手工制作的深色西装和燕尾服，从不穿别的衣服……他们是金融领域内的贵族，就如同投资银行在金融界的地位一样。

投资银行其实是一个美国词汇，在其他的国家和地区，投资银行有

图3　华尔街的标志性铜牛。华尔街街道狭窄而短，从百老汇到东河仅有7个街段，却以“美国的金融中心”闻名于世，美国摩根财团、石油大王洛克菲勒和杜邦财团等开设的银行、保险、航运、铁路等公司的经理处均集中于此。

着不同的称谓：在英国被称为“商人银行”，在其他国家和地区则被称为“证券公司”。需要指出的是，虽然都被称为“银行”，商业银行与投资银行其实是两种不同的金融机构。在传统的金融学教科书里，“银行”是经营间接融资业务的，通过储户存款与企业贷款之间的利息差距赚取利润；而投资银行却是经营直接融资业务的，一般来说，它既不接受存款也不发放贷款，而是为企业提供发行股票、债券或重组、清算业务，从中抽取佣金，其区别于商业银行的特征是风险不隔离。

但是让很多人感到好奇的是，投资银行是怎样来的呢？

在美国，投资银行往往有两个来源：一是由综合性银行分拆而来，典型的例子如摩根士丹利；二是由证券经纪人发展而来，典型的例子如美林证券。

美国投资银行与商业银行的分拆发生在1929年的大崩盘之后的1933年，当时联邦政府认为投资银行业务有较高的风险，于是禁止商业银行利用储户的资金参加投行业务，结果一大批综合性银行被迫分拆为商业银行和投资银行，其中最典型的例子就是摩根银行分拆为从事投资银行业务的摩根士丹利以及从事商业银行业务的J.P.摩根。随着美国经济、金融形势的变化以及信息技术的进步，1999年新出台的《金融服务现代化法案》撤销了《格拉斯-斯蒂格尔法案》中商业银行和投资银行分业经营的条款。

欧洲投资银行和商业银行一直混业经营，所以形成了许多所谓的“全能银行”或商人银行，如德意志银行、荷兰银行、瑞士银行、瑞士信贷银行等。有趣的是，这样做在欧洲不但没有引起金融危机，反而在一定程度上加强了融资效率，降低了金融系统的风险。

混业的优点是可以产生相对高的效率，缺点是利益冲突和风险控制。1933年之后的60多年里，金融业应该混业还是分业的观点一直未能得到高度统一，甚至到美国在20世纪90年代开放了混业以后，混业的观点依然未能在全球范围得到一致认可。

投资银行以其强大的盈利能力而为世人所瞩目。以最常见的股票发行业务为例，投资银行一般要抽取7%的佣金，也就是说，如果客户发行价值100亿美元的股票，投资银行就要吃掉7亿美元。

在公司并购业务中，投资银行同样大赚特赚。19世纪80年代以来，美国至少经历了四次公司并购浪潮，这就为投资银行提供了相当可观的收入来源。欧美动辄发生价值几百亿甚至几千亿美元的超级兼并案，如美国在线兼并时代华纳、沃达丰兼并曼内斯曼、惠普兼并康柏等，背后都有投资银行的推波助澜。因为兼并业务的技术含量很高，利润又很丰厚，一般被认为是投资银行的核心业务，从事这一业务的银行家是整个金融领域最炙手可热的人物。

还要重点指出的是，投资银行独特的商业模式也是其获得高额盈利的重要原因。首先，投资银行以批发业务为主。除了经纪业务，投资银行业务基本上都属于批发业务。其次，投资银行以知识密集型业务为主。从本质上讲，投资银行属于金融咨询业。金融咨询不但是一项独立的投资银行业务，而且是其他投资银行业务的智力基础。例如，要想协助发行体发行证券，首先需要协助其设计证券，这就需要进行全面、深入地研究、分析。事实上，研究、分析能力，而不是资金、销售实力，才是投资银行的核心竞争力之所在。当然，资金、销售实力同样不可忽视。例如，要想协助公司进行并购，还需要协助其进行必要的市场操作。这就需要充足的资金和销售实力。然而，无论是证券承销、证券交易，还是公司并购，都离不开投资银行家的运筹帷幄。对于长袖善舞的投资银行家来说，融资、推销等市场操作并不是什么难题。

当我们说到投资银行时，总会想到高盛、摩根士丹利等，其实中国也有投资银行，只不过叫法不同而已。在日本和中国，具备投资银行职能的金融机构被称为“证券公司”，它们除了为企业承销股票和债券、负责企业兼并重组及破产清算事宜之外，还负担着证券分析和证券经纪人的角色。他们既为企业融资充当经纪人，又为大小投资者买卖股票充当经纪人。因此，中国的大型证券公司实际上就相当于美国的投资银行，只是人们往往没有注意到这一点而已。

2008年3月，美国第五大投资银行贝尔斯登因濒临破产而被摩根大通收购。近半年之后，华尔街再次爆出令人吃惊的消息：美国第三大投资银行美林证券被美国银行以近440亿美元收购，美国第四大投资银行雷曼兄弟因为收购谈判“流产”而破产。华尔街五大投行仅剩高盛集团和摩根士丹利公司。美国联邦储备局于2008年9月21日深夜宣布，批准美国金融危机发生后至今幸存的最后两大投资银行高盛和摩根士丹利“变身”，转为银行控股公司。这个消息也意味着，独立投资银行在华尔街叱咤风云超过20年的黄金时代已宣告结束，美国金融机构正面临20世纪30年代经济大萧条以来最大规模和最彻底的重组。

投资银行的黄金时代已经结束了。未来，投资银行又将走向何方呢？客户的金融服务需求是无止境的，投资银行是否有卷土重来的一天呢？这只能等今后新的金融篇章来告诉我们了。

战争催生的中央银行

中央银行是国家最高的货币金融管理组织机构，在各国金融体系中居于主导地位。国家赋予其制定和执行货币政策的权力，对国民经济进行宏观调控，对其他金融机构乃至金融业进行监督管理，地位非常特殊。

英格兰银行是英国的中央银行，也是世界上最早的中央银行，它通过货币政策委员会（MPC），对英国国家的货币政策负责。而苏格兰银行的出现与17世纪末欧洲的战争有直接的关系。

17世纪时，欧洲大陆和英吉利海峡一直笼罩在接连不断的战火之中，战争成为所有欧洲国家面临的最严峻的考验。每一个欧洲国家都面临着其他国家的战争威胁，而军队的建设和战争的消耗，都必须要有庞大的军费来支撑。在16世纪打一场战争需要几百万英镑，到17世纪末，则需要几千万英镑。当时最富裕的国家（如西班牙和荷兰）都无法靠正常的财政收入和投资回报来应付巨额的战争开支，欧洲各国的君主们为了打仗不得不四处借钱。

当时的英国国王詹姆斯二世也面临着同样的问题。为了扩大军队规模和筹措战争费用，詹姆斯二世与英国议会之间发生了激烈的冲突。在这种背景下，1688年英国发生了著名的“光荣革命”，这场革命的结果是，支持议会的辉格党人与托利党人废黜了英国国王詹姆斯二世，并邀请詹姆斯二世的女儿玛丽公主和时任荷兰执政的女婿威廉共同担任英国国王。因为这场革命未发一枪、没有流血，史学家称之为“光荣革命”。

“光荣革命”使英国发生了一个前所未有的变化：从此以后，国王由议会批准产生，国王必须在议会的监督下行使权力，这意味着君权从“神授”变成了“民授”，它根本性地改变了在英国已经存在了千年之久的王权性质。

1688年，英国正式确立了议会高于王权的政治原则，之后逐步建立起君主立宪制。议会还立法规定，公民的私有财产神圣不可侵犯，国王向人民的借钱也必须归还。而在此之前，国王可以肆无忌惮地向人民借钱，而且可以不受约束地赖账。

1689年，英国开始卷入了同法国长达百年的战争，所有英国有钱人都非常关注这场旷日持久的战争。尽管当时伦敦的民间借贷非常活跃，但他们不太愿意借钱给王室。虽然英国议会规定国王向人们借钱必须归还，可是谁能保证这一点呢？所以直到战争开始的时候，英国王室都没有筹到什么钱。时任英国财政大臣的蒙泰古从荷兰阿姆斯特丹银行的运作经验中受到启发，他提议成立一个贷款机构，专门负责为国家筹款。这个想法立即得到了英国议会和国王威廉三世的赞同。

经过一番紧锣密鼓的筹备，英格兰银行于1694年诞生了。为了增强人们对英格兰银行的信心，英国议会专门颁布了《英格兰银行法》，英国王室也向英格兰银行颁发了皇家特许执照。英格兰银行从一开始就采用了股份制的运作模式，英国人当时对股份制已经具有相当的认识。精明的伦敦商人一下子就看出了其中的巨大商机。短短11天内，1286个伦敦商人以黄金和白银的形式向英格兰银行提供了120万英镑的股本金。随即英格兰银行将这120万英镑的资金全部借给了英国国王，并约定年利率为8％。

英格兰银行成立之前，英国社会上流通的货币主要是金币和银币。1694年，英格兰银行开始发行纸币——英镑。但那时的英镑还不能算真正的货币。当时的英镑相当于一种支票，因为当时主要是黄金在流通，英镑只是记录黄金的单位，本身没有价值。在电影《百万英镑》里，我们可以知道一张英镑的纸币可以签发成一百万，它可以随时兑换成金币或黄金。直到1742年，英格兰银行才开始具有了发行钞票的特权，但它却并不是唯一的发钞行，因为其他大大小小的银行只要有相应的黄金储备，都可以发行流通货币。

内幕重重的美联储

1907年，美国经济出现了一些问题，大公司一个接一个倒闭。西奥多·罗斯福总统命人赶快去请金融巨头摩根，让他出面请求银行家们合作。摩根立刻把所有的银行家请到自己的私人图书馆里，让他们商量该怎么办。然后他出去，把门锁上，自己到另一间房子里，坐在桌前悠闲地玩纸牌，等待着谈话的结果。这些银行家一整夜都在那儿谈，究竟怎样才能解救这场危机。大家知道，当企业要倒闭时，银行是不愿借钱给企业的。越没有钱，企业倒闭得就越快。如果银行见死不救的话，经济就会呈现连锁反应，整个经济就会崩溃，他们自身也会遭殃。于是这些银行家争来争去，有人说出500万元，有人说出1000万元。最后快到天亮的时候，摩根推门进去说："这是合约，这是笔，大家签字吧！"他拿出早已让别人起草好的合约，让银行家签字。这些筋疲力尽的银行家拿起笔在合约上签了字，同意出2500万美元去解救这场危机。几天后，美国经济就恢复了。

故事中，摩根一个人充当了中央银行的角色。而现在有一种观点：

美国的中央银行——美国联邦储备系统（美联储）其实是一家私人的银行。这确实是一个惊人的内幕，一家私人机构拥有货币发行权，这对美国金融市场乃至全球金融市场意味着什么？美联储与华尔街巨头之间是怎样的关系？有没有什么不为人知的秘密？

那么美联储到底是一个怎样的机构呢？

20世纪初的时候，美国还没有中央银行，那时美国的商业银行经常出现支付危机。因为银行把钱都贷出去了，当储户来取钱的时候，他们没钱支付。一家银行如果没有钱的话，风声一旦传出，银行的门前就会排起长队，大家都去提款。因为所有的人都害怕明天取不出钱来了，如果大家都去取，钱就真的取不出来了，这就是挤兑。说起中央银行，并不是自从有了从事存贷款业务的商业银行那天起就有了中央银行。中央银行的出现有一个过程，也是有原因的。

美国建国之后的1791年，在当时的财政部部长、天才式人物汉密尔顿的强烈支持下，第一个中央银行成立，但是这家中央银行在20年后就消失了。这就是第一合众国银行，总股本1000万美元，私人拥有80%，美国政府拥有20%。在25人组成的董事会中20人由私人股东推举，5人由政府任命。1811年第一合众国银行到期，美国政府否决了授权延期的议案。此后，1812年爆发了美国与英国的战争，持续三年的战争增大了美国的财政压力。1816年，第二合众国银行成立，同样得到了20年的营业授权，总股本3500万美元，仍然是80%由私人占有，20%属于政府。1832年美国总统杰克逊否决了第二合众国银行延期的议案。从那以后一直到1913年的近80年间，美国的经济都是在没有中央银行的情况下运行的。

缺少了中央银行，就无法动用适当的货币政策调节经济，并且，没有了最后的贷款人，金融系统也更容易出问题。试想一下，如果世界各国缺少了中央银行，2008年的经济危机中破产的恐怕将远远不止雷曼兄弟这一家。1836年后，美国经济正是处在这种不稳定的状态下。到了1907年，蔓延的危机把美国的金融系统推向了崩溃的边缘。好在当时的金融巨头摩根及时出手，凭借一己之力，扮演了中央银行的角色，挽救了整个系统。联邦政府没钱了，找他解决问题；华尔街出了问题，找他要资金；大公司出了问题，也来找他帮忙。摩根的作用如此之大，以至于1910年2月2日出版的一个刊物封面就是约翰·摩根，旁边的大标题就是“建立中央银行？摩根大叔已经干起了中央银行的活儿，美国还用得着再建一个中央银行吗？”

1907年银行危机对美国的打击异常沉重，也让美国很多人意识到，美国需要一个真正的中央银行。

1913年，美联储成立了，首先它没有国家银行那样冠冕堂皇的名字；其次，它的总部设立在美国的政治中心华盛顿，并且拥有12家地区分支机构，政府拥有主席和理事的提名和任命权。这里有两个要点：第一，政府已经不再拥有前两任央行那样20%的股份，它是由12家联邦储备银行构成的，这些银行是联邦特许股份公司，每家银行都有自己的股东、董事和总裁。每家银行的股东都是储备银行所在地区的成员银行，他们有权选举9名董事中的6名。每家成员银行都需要购买等同于其资产和净资产的3%的股票额。第二，美联储法案里根本没说授权期限问题，人们不再需要为了授权期限到期而再去争吵。

不管怎么说，这样的事实是无法否认的：美联储是股份公司，而拥有股份的并不是美国政府，政府只是拥有美联储理事的提名和任命权，而因此引起的种种问题也让人难以回答：

第一，我们知道货币发行权属于一国央行所有，而美国宪法明确规定国会拥有货币发行权，那么现在改由私有的美联储来执行货币发行权，是否在本质上符合美国宪法？这个问题的争论曾经导致第一、二合众国银行被关闭，这意味着这种讨论不是没有价值的。

第二，在美元本位之下，美联储不仅是美国的中央银行，甚至还是全世界的中央银行。但没有任何国际机构对美联储的行为进行监管，私有本质对美联储在全球金融市场上发挥作用有没有影响？

第三，历届的美联储主席全部由犹太人担任，这是巧合还是人为的安排？

即使是在崇尚言论自由和民主平等的美国，要将美联储的秘密公之于众似乎也是徒劳的，因此关于“共济会”“罗斯柴尔德家族”“金权天下”等的阴谋论观点就长期笼罩着美联储，挥之不去。

中央银行的货币政策

早在1913年，美国就建立了联邦储备体系，承担着中央银行职能，但当时的国会却不给拨款，所以联邦储备体系只好自谋生路。最开始，联邦储备银行通过向会员银行发放贴现贷款赚取利息，但由于1920年到1921年间的经济衰退，贴现贷款数额急剧减少，联邦储备体系不得不另辟生财之道，于是开始购买债券，赚取利息。久而久之，美联储发现，当它从商业银行那里买进债券时，商业银行手里的准备金就增加了，经过存款创造机制，它们的存款规模成倍扩张，货币供应量增大了。由此美联储意识到，它找到了一个调节货币供应量的简单而有效的工具。到20世纪20年代末，这一工具已经成为美联储的重要“法宝”。直至今日，它依然是各国中央银行最常用的一种货币政策工具。

这里美联储所用的货币政策工具就是公开市场业务，它也是中央银行调节经济体系的三大法宝之一。那么三大货币政策工具都指什么？它们又是怎样对经济体系发生作用的呢？

中央银行在金融生活中起到的作用非常大，它会运用一般性政策工具从总体或全局的角度，对货币和信用进行调节和控制，从而对经济体系产生普遍影响。这类政策工具主要有三个：公开市场业务、再贴现政策和法定存款准备金率。人们习惯上将其称为中央银行货币政策的"三大法宝"。

（1）公开市场业务。公开市场业务是指中央银行在金融市场上买卖有价证券（如国债）的活动。当中央银行买进有价证券时，向出卖者支付货币，从而增加了流通中的货币量。反之，则减少货币量。公开市场业务最大的优点，是中央银行可以经常运用它，对经济进行微调，操作灵活方便，对经济的震动小。所以，从20世纪50年代起，美联储90%的货币吞吐通过公开市场业务进行，德、法等国也大量采用公开市场业务调节货币供应量。

让我们分析一下这种政策工具的使用价值。一般来说，当经济繁荣、过多的货币追逐有限商品的时候，中央银行通过卖出有价证券以减少商业银行的准备金，进而迫使商业银行减少或收回贷款，最终达到回笼货币的目的。反之，当经济萧条、市场资金匮乏时，中央银行公开买进证券，从而使金融市场货币供给充足。在当代开放经济条件下，随着资本流动的增加和外汇市场的扩展，中央银行的外汇市场操作、干预外汇市场的行为也会影响到货币数量和供给。因此，公开市场业务包括中央银行的外汇市场操作。但公开市场业务有效地发挥作用，需要一些重要的前提，比如中央银行要有雄厚的实力、利率要实行市场化、国内金融市场发达、可供操作的证券种类齐全等。

（2）再贴现政策。再贴现政策主要指货币当局变动自己对商业银行所持票据再贴现的贴现率，影响贴现贷款数量和市场利率，从而对货币供应产生影响，以实现货币政策预期目标。现在已扩及对商业银行各种信用支持的利率。如果您持有还没到期的票据，但又急着用钱，就可以把票据转让给商业银行获得现款，代价是贴付一定利息，这就叫贴现。可商业银行也有周转不开的时候，它也可以把手中未到期的票据暂时“卖”给中央银行，这就叫再贴现。商业银行也得向中央银行支付一定利息，这个利率就叫再贴现率。这一点我们在第十章还将再讲到。当中央银行降低再贴现率的时候，商业银行发现从中央银行再贴现借钱比较划算，就会更多地申请再贴现。这样一来，中央银行的基础货币投放增加了，货币供应量自然也会增加。而且，再贴现率的降低也会最终带动其他利率水平的下降，起到刺激投资和增长的作用。反过来，中央银行也可以提高再贴现率，实现相反的意图。

再贴现的确是个妙用无穷的法宝，它不但能调控货币总量，还能调整结构。比如，中央银行规定哪些票据可以被再贴现，哪些机构可以申请再贴现，这样分门别类、区别对待，使得政策效果更加精确。

（3）法定存款准备金率。法定存款准备金政策是一剂猛药，它是指中央银行通过调整法定存款准备金比率，来影响商业银行的信贷规模，从而影响货币供应量的一种政策措施。从理论上讲，有了存款准备金，商业银行创造存款的能力就受到限制。存款准备金率越高，商业银行创造存款的能力就越弱；相反，存款准备金率越低，商业银行进行存款创造的能力就越强。这是为什么呢？如果提高法定存款准备金率，商业银行就必须多向中央银行缴纳准备金，能够用来发放贷款的资金就少了，创造派生存款的能力就变弱了，货币供应量则会成倍地减少。反过来，如果下调法定存款准备金率，商业银行创造存款的能力就会大大增强，货币供应量也会成倍增加。

1999年3月，我国人民银行将法定存款准备金率降了两个百分点，商业银行一下子便多出了2000多亿元的可用资金。1998年，中国人民银行改革再贴现率生成机制，在内需不足的情况下，三年时间里连续四次调低再贴现率，使商业银行和企业有了大量的活钱可用。以上两项大动作，大大增加了货币供应量，对刺激投资、拉动经济，作用不可低估。但是，药猛伤身，正由于法定存款准备金率和再贴现率对一国金融影响至深，所以，不到重要关头，中央银行并不轻易动用。

从上面的分析中我们可以看到，这三个政策工具各有优势：公开市场业务胜在灵活，它的主动权操之于中央银行，并且较准确，易于改变方向，无政策拖延，能迅速实施。因此，公开市场业务是中央银行控制基础货币和货币供应的主要工具。

而再贴现政策在影响基础货币和货币供应方面虽然不及公开市场操作，但是再贴现政策对于作为最后贷款人的中央银行防止金融恐慌有重要的作用。例如，美联储在1974年向富兰克林国民银行和1984年向伊利诺斯大陆国民银行及时提供大额贴现贷款，避免了这两家银行由于存款人挤兑而发生破产从而引起其他银行的挤兑现象出现而引起金融恐慌。但是由于挽救成本的存在，美联储在发挥其作为最后贷款人的角色时，也需在道德风险成本和防止金融恐慌的益处之间做出权衡。再贴现政策还可以用作表明中央银行货币政策意图的一种信号。

法定存款准备金率的优点就是它的操作对银行体系能够产生普遍

而平等的影响效果，并且对货币供应量有很强的收缩或者扩张作用。但是，微小的法定存款准备率会引起多倍的存款创造，政策上不宜经常使用。并且，对超额储备很低的银行，提高法定存款准备金率可能立即引起流动性问题。

俗话说，尺有所短，寸有所长。中央银行的货币政策工具，只有合理搭配，才能取得令人满意的调控效果。比如中央银行试图提高再贴现率控制信用膨胀，有些商业银行却会通过同业拆借、发行票据、国外市场筹资等获得资金，而无须向中央银行求借。如果中央银行辅以公开市场业务，在市场上低价卖出证券，则商业银行便会见利而购，紧缩性货币政策目标便得以实现。

除了这三大法宝之外，还有一些非常规武器，被称作“选择性政策工具”和“补充性政策工具”。高居金融金字塔顶端的中央银行，若能娴熟地运用货币政策工具，便可收放自如、处变不惊了。

政策性银行的发展

说起政策性银行，可能很多人都会感到陌生。政策性银行就是指那些由政府创立、参股或保证的，不以营利为目的，专门为贯彻、配合政府社会经济政策或意图，在特定的业务领域内，直接或间接地从事政策性融资活动，充当政府发展经济、促进社会进步、进行宏观经济管理工具的金融机构。

最早的政策性银行是第二次世界大战后的德国复兴开发银行。第二次世界大战后的德国民生凋敝百废待兴，人民急需重建家园。为了筹集巨额重建资金，1948年，德国政府出资10亿马克组建德国复兴信贷银行（KFW）。德国复兴信贷银行成立以后，立即通过发行中长期债券筹措巨额款项，为德国人民在废墟上重建家园提供了大量资金。德国复兴信贷银行为战后德国的复兴立下了汗马功劳，它也因此与美丽的莱茵河一样闻名遐迩。

很多国家都设有政策性银行，而且种类较为全面，构成了一个较为完整的政策性银行体系，如日本著名的“二行九库”体系，包括日本输出入银行、日本开发银行、日本国民金融公库、住宅金融公库、农林渔业金融公库、中小企业金融公库、北海道东北开发公库、公营企业金融公库、环境卫生金融公库、冲绳振兴开发金融公库、中小企业信用保险公库；韩国设有韩国开发银行、韩国进出口银行、韩国中小企业银行、韩国住宅银行等政策性银行；法国设有法国农业信贷银行、法国对外贸易银行、法国土地信贷银行、法国国家信贷银行、中小企业设备信贷银行等政策性银行；美国设有美国进出口银行、联邦住房信贷银行体系等政策性银行。中国的三大政策性银行分别是中国进出口银行、国家开发银行、中国农业发展银行。

政策性银行与商业银行有何不同呢?

商业银行普遍存在着“嫌贫爱富”的利益偏好，银行家最善于锦上添花，不喜欢雪中送炭，这导致弱势群体缺少发展机会，也难以实现公平、平等和共同富裕的发展目标。在经济发展中，也常常存在一些商业银行从盈利角度不愿意考虑不愿意融资的领域，或者其资金实力难以达到的领域。这些领域通常包括那些对国民经济发展、社会稳定具有重要意义，投资规模大、周期长、经济效益见效慢、资金回收时间长的项目，如农业开发项目、重要基础设施建设项目等。而国家为了扶持这些项目，往往实行各种鼓励措施，各国通常采用的办法是设立政策性银行，专门对这些项目进行融资。

在现代市场经济条件下，商业性金融和政策性金融相互补充、相互配合，共同构成一个国家或地区完整的、均衡的、稳定的、高效的、统一的金融体系。商业性金融在促进经济发展、推动社会进步中发挥着极为重要的作用，政策性金融也同样在优化资源配置、均衡经济增长、构建和谐社会中发挥着商业性金融不可替代的功能。

世界银行简史

世界银行（WBG）是世界银行集团的俗称，“世界银行”这个名称一直是用于指国际复兴开发银行（IBRD）和国际开发协会（IDA）。这些机构联合向发展中国家提供低息贷款、无息信贷和赠款，是一个国际组织。

1946年6月25日，世界银行开始运行。1947年5月9日它批准了第一批贷款，向法国贷款2.5亿美元，转换为今天的价值，这依然是世界银行提供的数额最大的一批贷款。

世界银行最初的目的是帮助欧洲国家和日本在第二次世界大战后的重建，此外它还辅助非洲、亚洲和拉丁美洲国家的经济发展。起初，世界银行的贷款主要集中于大规模的基础建设如高速公路、飞机场和发电厂等。日本和西欧国家“毕业”（达到一定的人均收入水平）后，世界银行把重心放在了帮助发展中国家。从20世纪90年代初开始，世界银行也开始向东欧国家和前苏联国家贷款。

需要注意的是，“世界银行”仅指国际复兴开发银行和国际开发协会。“世界银行集团”则包括国际复兴开发银行、国际开发协会及其他三个机构，即国际金融公司、多边投资担保机构和解决投资争端国际中心。这五个机构分别侧重于不同的发展领域，但都运用其各自的比较优势，协力实现其共同的最终目标，即减轻贫困。

世界银行的工作经常受到非政府组织和学者的严厉批评，有时世界银行自己内部的审查也对其某些决定予以质疑。世界银行往往被指责为美国或西方国家施行有利于它们自己的经济政策的执行者。世界银行有时过快、不正确地，按错误的顺序引入的或在不适合的环境下进行的市场经济改革，对发展中国家的经济反而造成破坏。实际上，世界银行的真正掌控者是世界银行巨头，他们最终的目的是追逐利润，现在的状况可以说是一个妥协的结果。

每个政府都可以自己决定成为世界银行集团中某些组织的成员。目前世界银行有184个成员政府，其他机构有140到176个成员政府不等。世界银行集团的所有组织都由一个由24个成员组成的董事会领导，每个董事代表一个国家或一组国家。董事由该国或国家群任命。世界银行也是联合国全球环境基金的执行机构。其总部在华盛顿哥伦比亚特区，它是一个非营利性的国际组织，其成员国拥有其所有权。

从技术上说，世界银行是联合国的一部分，但它的管理结构与联合国相差很大：每个世界银行集团的机构的拥有权在于其成员国政府，这些成员国的表决权按其所占股份的比例而不同。每个成员国的表决权分两个部分：第一个部分是所有成员国相同的，第二个部分按每个成员国缴纳的会费而不同，因此虽然世界银行的大多数成员国是发展中国家，但它主要受发达国家控制。这个结构始终受到批评。批评家认为一个更民主的管理方式可以更加符合发展中国家的需要。世界银行发展委员会于2010年4月25日通过了新一阶段的股票权改革方案。其中，美国拥有15.85%的表决权，日本6.48%，中国4.42%，德国4.00%，英国和法国各占3.75%。由于任何重要的决议必须由85%以上的表决权决定，美国一国可以否决任何改革。

近年来，世界银行开始放弃它一直追求的经济发展，而更加集中于减轻贫穷。它也开始更重视支持小型地区性的企业，它意识到干净的水、教育和可持续发展对经济发展是非常关键的，并开始在这些项目中投入巨资。作为对外界批评的反应，世界银行采纳了许多环境和社会保护政策来保证其项目在受贷国内不造成对当地人或人群的损害。虽然如此，非政府组织依然经常谴责世界银行集团的项目带来环境和社会的破坏以及未达到它们原来的目的。

第四章

证券保险简史

股票简史

当今社会，炒股几乎成了一种全民性的投资方式。“今儿您的股票涨了吗？”成为很多人见面的第一句话。

股票究竟是个什么东西，竟然让那么多人追捧？

要想对股票有个大致的了解，我们首先要了解一下股票的来源。股票是社会化大生产的产物，迄今已有四百余年的历史，它伴随着股份公司的出现而出现。

1602年，荷兰东印度公司成立，荷兰人把所有类似于莎士比亚经典作品《威尼斯商人》中的安东尼奥那样的商人联合起来，成立股份制公司，目的是共同承担航海风险。为了募集更多的资金，荷兰东印度公司还向全社会融资，每个人只要手头有闲钱，都可以去东印度公司投资，在小本子上记下自己出了多少钱，公司则承诺有收益就按比例给大家分红。农夫、小作坊工人、渔民……几乎每一个荷兰人都购买了这家公司的股票。

由于缺乏流通性，大家就想出进行股票买卖的交易，于是成立了最初的股票交易所。荷兰东印度公司是世界上第一家公开发行股票的公司，而安东尼奥甚至包括市长的女佣就是最初的股东的雏形，也就是股民的雏形。

图4　荷兰东印度公司设在孟加拉胡格利的贸易站。荷兰东印度公司成立于1602年，1799年关闭，持续了将近200年。在1669年时，荷兰东印度公司拥有超过150艘商船、40艘战舰、50000名员工及10000名佣兵的军队，股息高达40%。在当时的世界贸易中具有重要的影响力。

荷兰东印度公司是世界上最早的股份有限公司。股份有限公司这种企业形态出现以后，很快为资本主义国家广泛利用，成为资本主义国家企业组织的重要形式之一。伴随着股份公司的诞生和发展，以股票形式集资入股的方式也得到发展，并且产生了买卖交易转让股票的需求。这样，就带动了股票市场的出现和形成，并促使股票市场完善和发展。据文献记载，早在1611年就有一些商人在荷兰的阿姆斯特丹进行荷兰东印度公司的股票买卖交易，形成了世界上第一个股票市场，即股票交易所。

股票的历史轨迹，可以简述如下:

最早的股份联合公司——1600年由英国女王伊丽莎白一世特许成立的东印度公司。最初，东印度公司的募资方式是，投资者按一次航程筹集资金，每次航程结束后进行结算，股东收回自己的股本和利润。

第一个永久性股份公司——1602年，荷兰组建的东印度公司，首次在全国筹集6500万荷兰盾，选举董事60名。

最早的股份银行——1694年，英国由国会通过法案核准成立的英格兰银行，该行股东给政府贷款120万英镑，享有银行券发行权。

第一个股票交易所——据文献记载，1611年一些商人在荷兰的阿姆斯特丹进行荷兰东印度公司的股票生意，形成世界上第一个股票交易所。

美国第一个证券交易所——1754年，一批证券买卖商在费城成立经纪人会，随着证券的发行和交易额的扩大，于1790年正式成立“费城证券交易所”。

英国第一个证券交易所——1773年在伦敦紫思胡同的约那森咖啡馆中，股票商正式组织了英国第一个证券交易所，即当今“伦敦证券交易所”的前身。

美国政府发行的第一批债券——美国独立战争中美国政府负债7500万美元，独立后又借新款，为了不失信于民，政府以公司债券的形式担负起这笔巨额债务，成为美国的第一批国债。

世界第一家资产超过10亿美元的股份公司——1901年创立的美国钢铁公司，当时吞并企业700家，拥有股金资本14亿美元。

经营国际性证券具有很大规模的国际银行——美国花旗银行。1980年该行在国外92个国家设立分支机构达1300多个，国际业务收入占美国十大银行总收入30%。花旗银行和美国银行是美国也是世界的两家最大的国际性银行之一。

当今世界最大的证券交易所——美国纽约、美国纳斯达克、日本东京、中国上海、中国香港五家证券交易所，构成全球性24小时不间断连续交易的世界证券市场体系。以往全球四大证券交易所是美国纽约、英国伦敦、美国纳斯达克和日本东京这四家，近几年中国经济崛起，改变了证券格局。截至2021年上半年，香港证券交易所的市值达38万亿美元，上海证券交易所和东京证券交易所达42万亿美元，而美国的纽约及纳斯达克证券交易所遥遥领先，前者市值达139万亿美元，后者达116万亿美元。

明末清初，股票在中国出现。当时，一些大富商采用了“集资联营、合股经营”的策略，成为中国最早的股票雏形。1916年，孙中山和虞洽卿共同建议组织上海交易所股份有限公司，并拟定具体规章制度，见证了股票在中国的发展。1920年6月，中华民国农商部批准在上海设立证券物品交易所。1920年7月1日，上海证券交易所开业，证券交易标的分为有价证券、棉花等7类。这就是近代中国最早的股票交易。

1990年12月19日，上海证券交易所正式开业；1991年7月3日，深圳证券交易所正式开业。这两家交易所的成立标志着中华人民共和国证券市场的形成，并在以后的发展中日臻完善。

随着改革开放的深入，我国股票市场在不断地发展与完善，参与股票投资的投资者日益增多，股票投资已成为一种逐渐被人们接受的理财手段，而股票自然而然也成了人人关心的热门话题。

经济周期与股市

经济周期也称商业周期、商业循环、景气循环，它是指经济运行中周期性出现的经济扩张与经济紧缩交替更迭、循环往复的一种现象。是国民总产出、总收入和总就业的波动。

在市场经济条件下，企业家们越来越多地关心经济形势，也就是“经济大气候”的变化。一个企业生产经营状况的好坏，既受其内部条件的影响，又受其外部宏观经济环境和市场环境的影响。一个企业，无力决定它的外部环境，但可以通过内部条件的改善，来积极适应外部环境的变化，充分利用外部环境，并在一定范围内改变自己的小环境，以增强自身活力，扩大市场占有率。因此，企业家对经济周期波动必须了解、把握，并能制订相应的对策来适应周期的波动，否则将在波动中丧失生机。

经济周期的特征：

（1）经济周期不可避免。

（2）经济周期是经济活动总体性、全局性的波动。

（3）一个周期由繁荣、衰退、萧条、复苏四个阶段组成。

（4）周期的长短由周期的具体性质所决定。

经济学家将经济周期分为四个阶段：繁荣、衰退、萧条、复苏。每一个阶段都可以由经济增长和通胀的变动方向来唯一确定。我们相信，每一个阶段都对应着表现超过大市的某一特定资产类别：债券、股票、大宗商品或现金。

在萧条阶段，经济增长停滞。超额的生产能力和下跌的大宗商品价格使通胀率更低。企业盈利微弱并且实际收益率下降。中央银行削减短期利率以刺激经济回复到可持续增长路径，进而导致收益率曲线急剧下行。债券是最佳选择。

在复苏阶段，舒缓的政策起了作用，GDP增长率加速，并处于潜能之上。然而，通胀率继续下降，因为空置的生产能力还未耗尽，周期性的生产能力扩充也变得强劲。企业盈利大幅上升、债券的收益率仍处于低位，但中央银行仍保持宽松政策。这个阶段是股权投资者的“黄金时期”。股票是最佳选择。

在繁荣阶段，企业生产能力增长减慢，开始面临产能约束，通胀抬头。中央银行加息以求将经济拉回到可持续的增长路径上来，此时的GDP增长率仍坚定地处于潜能之上。收益率曲线上行并变得平缓，债券的表现非常糟糕。股票的投资回报率取决于强劲的利润增长与估值评级不断下降的权衡比较。大宗商品是最佳选择。

在衰退阶段，GDP的增长率降到潜能之下，但通胀却继续上升，通常这种情况部分原因归于石油危机。产量下滑，企业为了保持盈利而提高产品价格，导致工资—价格螺旋上涨。只有失业率的大幅上升才能打破僵局。只有等通胀过了顶峰，中央银行才能有所作为，这就限制了债券市场的回暖步伐。企业的盈利恶化，股票表现非常糟糕。现金是最佳选择。

从长期看，经济增长取决于生产要素的可获得性、劳动力、资本，和生产能力的提高。从短期看，经济经常偏离可持续的增长路径。政策制定者的工作就是要使其恢复到可持续增长路径上来。在潜能之下的经济增长会使经济面临通货紧缩的压力并最终变为紧缩；另一方面，经济增长持续保持在潜能之上会导致破坏性的通胀。

金融市场一贯地将增长率的短期偏离误以为是其长期趋势的改变。结果，在经济偏离的极限处，当政府的“矫正”政策就要起作用时，资产往往被错误定价。投资者正确地识别拐点，可以通过改变资产配置而盈利。但前几年的情况套用该理论会出现错误。例如，许多投资者凭着对美国经济持续增长和科技股公司从“新纪元”中受益最多的判断，在

1999年底买入了昂贵的科技股。然而，美联储对抗正在轻微上升的通胀的紧缩性政策已经在起作用。这轮周期在2000年初达到顶峰，接着科技股泡沫破灭。随后的下跌推动了激进的美联储从债券和住宅房地产市场中追逐巨大利益。

美林投资时钟

美国美林证券在2008年金融海啸全面爆发之前，是世界上赫赫有名的投资银行，虽然今天已经成为次级债危机中倒下的失败典型，但是该公司提出的投资时钟理论却依然是投资界奉为经典的经济周期分析工具。

如图5所示，“投资时钟”是一种将经济周期与资产和行业轮动联系起来的方法。

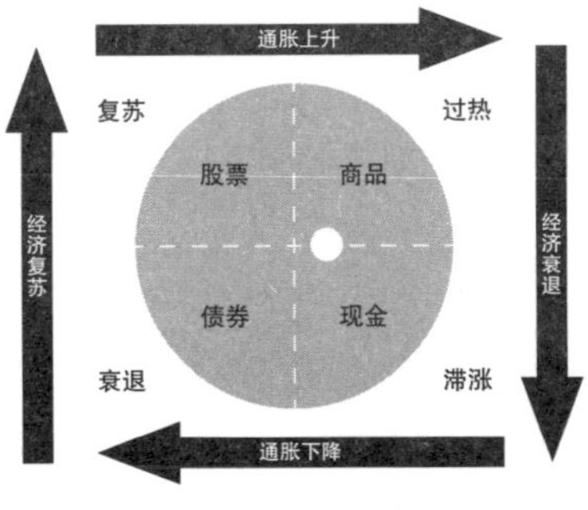

图5　美林投资时钟

投资时钟的分析框架有助于投资者识别经济中的重要拐点，从周期的变换中获利。

美林在超过30年的数据统计分析中，发现了投资时钟，根据经济增长和通胀状况，美林的投资时钟将经济周期划分为四个不同的阶段。在每个阶段，图中标识的资产类和行业的表现倾向于超过大市，而处于对立位置的资产类及行业的收益会低于大市。

经典的“繁荣—萧条周期”从左下角开始，沿顺时针方向循环；债券、股票、大宗商品和现金组合的表现依次超过大市。但往往并没有这么简单。有时候，时钟会逆时针移动或跳过一个阶段。

从投资时钟上看，一个经典的“繁荣—萧条周期”始于左下方，沿顺时针方向循环。我们把投资时钟画为圆圈的一个优点是：可以分别考虑增长率和通胀率变动的影响。经济增长率指向南北方向，通胀率指向东西方向。当经济受到海外因素影响或受到冲击时，如：“9·11”，投资时钟不再简单地按照顺时针方向变换阶段，投资时钟的这种画法可以帮助我们预测市场的变动。

投资时钟可以帮助我们制定行业投资战略：

（1）周期性：当经济增长加快（北），股票和大宗商品表现好。周期性行业，如：高科技股或钢铁股表现超过大市。当经济增长放缓（南），债券、现金及防守性投资组合表现超过大市。

（2）持续期：当通胀率下降（西），折现率下降，金融资产表现好。投资者购买久期长的成长型股票。当通胀率上升（东），实体资产，如：大宗商品和现金表现好。估值波动小而且久期短的价值型股票表现超出大市。

（3）与标的资产相关：一些行业的表现与标的资产的价格走势相关联。保险类股票和投资银行类股票往往对债券或股权价格敏感，在衰退或复苏阶段中表现得好。矿业股对金属价格敏感，在过热阶段中表现得好。石油与天然气股对石油价格敏感，在滞胀阶段中表现超过大市。

投资时钟对资产类和行业板块的投资也是有意义的，可以用来做配对交易。例如，如果在过热阶段，我们应该做多大宗商品和工业股，位于对立面的是衰退阶段，所以我们应该同时做空债券和金融股。

美林用自1973年4月至2004年7月美国完整的超过30年的资产和行业回报率数据来验证了投资时钟的合理性。以下是美林的一部分研究成果：

1.不同类别资产的收益率

（1）所有资产中股票的表现最好，年均实际回报率达到6.1%，相比债券收益率，存在约2.5%的股权风险溢价。

（2）债券的收益率高出现金2%，反映了债券的久期风险和违约风险。

（3）大宗商品的收益率高出预期。

（4）1.5%的现金实际回报率是平均实际利率。

2.不同阶段的资产收益率

比较几类资产的收益率。以下列出每个阶段的收益率排序：

（1）衰退：债券>现金>大宗商品；股票>大宗商品。

（2）复苏：股票>债券>现金>大宗商品。

（3）过热：大宗商品>股票>现金/债券。

（4）滞胀：大宗商品>现金/债券>股票。

伦敦证券交易所

伦敦证券交易所是世界上历史最悠久的证券交易所之一。它的前身是17世纪末伦敦城交易街上主营咖啡饮品业务的露天大市场上一个名为“乔纳森”的咖啡店，这里是当时买卖政府债券的“皇家交易所”。1761年，伦敦150名股票交易商在这里自发组成了一个俱乐部以买卖股票和债券。

1773年，这个咖啡店从露天大市场迁入伦敦城司威丁街的室内，并正式改名为“伦敦证券交易所”。1802年，伦敦证券交易所获得英国政府正式批准，乔治三世国王给它颁发了“皇家特许经营许可证”。

伦敦证券交易所的成立为英国工业革命提供了重要的融资渠道，为促进当时英国经济的繁荣发挥了重要作用。而英国经济的强劲发展也促进了交易所自身的壮大，从而确立了英国世界金融中心的地位。截至第一次世界大战之前，伦敦证券交易所一直是世界第一大证券交易市场。

随着英国经济的不断发展，在英国其他地方也出现了很多证券交易所，高峰时期达30余家。1967年，英国各地交易所组成了7个区域性的证券交易所。1973年，伦敦证券交易所与设在英国格拉斯哥、利物浦、曼彻斯特、伯明翰和都柏林等地的交易所合并成大不列颠及爱尔兰证券交易所。随后各地证券交易所逐渐停止运作，全部业务都集中到伦敦交易所。

进入20世纪80年代以后，随着英国国内和世界经济形势的深刻变化，伦敦证券交易所由于其浓重的保守风格，特别是一直沿袭下来的陈规陋习严重阻碍了英国证券市场的发展，并影响了它在全球金融市场上的竞争力。在这一形势下，伦敦证券交易所于1986年10月进行了重大改革，其中包括改革固定佣金制，允许大公司直接进入交易所进行交易，放宽对会员的资格审查，允许批发商与经纪人兼营，证券交易全部实现电脑化，与纽约、东京交易所联机，实现24小时全球交易，等等。这些改革措施有力地巩固了其在国际证券市场中的地位。

1995年12月，由于政治原因，伦敦证券交易所被分为两个独立的部分，一部分归属爱尔兰共和国，另一部分归属英国，即现在的伦敦证券交易所。2000年，伦敦证券交易所经全体股东投票决定转变为一个公众公司，并于2001年7月在自己的主板上市交易。

作为世界三大证券交易所之一，伦敦证券交易所上市的证券种类非常多，除股票外，还有政府债券、国有化工业债券、英联邦及其他外国政府债券，此外还有很多地方政府、公共机构、工商企业发行的债券也在此上市。在世界各大证券交易所中，伦敦证券交易所的国际化程度最高，其外国公司股票的交易量和市值都超过了本国公司的股票，这在其他交易所是十分少见的。截至2021年6月，在伦敦证券交易所上市的公司有3000多家，总市值为3.71万亿美元。

伦敦交易所对中国的企业却一直没有太大吸引力。直到1997年3月24日，北京大唐发电股份有限公司在伦敦证券交易所挂牌上市，中国才拥有首家在伦敦证券交易所上市的公司。

纽约证券交易所

纽约证券交易所是目前世界上规模最大的有价证券交易市场。在美国证券发行之初，尚无集中交易的证券交易所，证券交易大都在咖啡馆和拍卖行里进行。

1792年5月17日，24名经纪人在纽约华尔街和威廉街的西北角一咖啡馆门前的梧桐树下签订了“梧桐树协定”。这是纽约证券交易所的前身。

到了1817年，华尔街上的股票交易已十分活跃，于是市场参加者成立了“纽约证券和交易管理处”，一个集中的证券交易市场基本形成。

1863年，管理处易名为纽约证券交易所，此名一直沿用至今。

直到1865年，交易所才拥有自己的大楼。坐落在纽约市华尔街11号的大楼是1903年启用的。交易所内设有主厅、蓝厅、“车房”等3个股票交易厅和1个债券交易厅，是证券经纪人聚集和互相交易的场所，共设有16个交易亭，每个交易亭有16至20个交易柜台，均装备有现代化办公设备和通信设施。经营业务主要是股票，其次为债券。除节假日外，交易时间为每周五天，每天五小时。

图6　纽约证券交易所，是目前世界上规模最大的有价证券交易市场。

从1868年起，只有从当时老成员中买得席位方可取得成员资格。1953年起，成员限定为1366名。只有盈利250万美元（税前）、最低发行售出股票100万股、给普通股东以投票权并定期公布财务的公司，其股票才有资格在交易所挂牌。至1999年2月，交易所的日均交易量达6.7亿股，交易额约达300亿美元。截至1999年2月，在交易所上市的公司已超过3000家，其中包括来自48个国家的385家外国公司，在全球资本市场上筹措资金超过10万亿。另外，美国政府、公司和外国政府、公司及国际银行的数千种债券也在交易所上市交易。

纽约证券交易所的交易方式就跟传统菜市场一样，采取议价方式，不同于中国股票的电脑自动匹配。股票经纪人会依客户开出的买卖条件在交易大厅内公开寻找买主卖主，讨价还价后完成交易。

纽约证券交易所因为历史较为悠久，因此市场较成熟，上市条件也较为严格，那些还没有赚钱就想上市筹资的公司是无法进入纽约证券交易所的，而历史悠久的大企业大多在纽约证交所挂牌，如：强生、辉瑞制药、UPS。自20世纪20年代起，纽约证券交易所一直是国际金融中心。这里股票行市的暴涨与暴跌，都会在其他资本主义国家的股票市场产生连锁反应，引起波动。到目前为止，它仍然是美国全国性的证券交易所中规模最大、最具代表性的证券交易所，也是世界上规模最大、组织最健全、设备最完善、管理最严密、对世界经济有着重大影响的证券交易所。

债券市场的发展

债券市场是发行和买卖债券的场所，它是金融市场的一个重要组成部分。一个统一、成熟的债券市场可以为全社会的投资者和筹资者提供低风险的投融资工具；债券的收益率曲线是社会经济中一切金融商品收益水平的基准，因此债券市场也是传导中央银行货币政策的重要载体。可以毫不夸张地说，统一、成熟的债券市场构成了一个国家金融市场的基础。

证券中，债券比股票出现的时间要早很多。最早的债券形式是奴隶制时代产生的公债券。据文献记载，在公元前4世纪，希腊和罗马就出现了国家向商人、高利贷者和寺院借债的情况。而在封建社会，债券又获得了进一步发展，封建主和帝王遇到财政困难，特别是发生战争时，便会发行公债，以此来筹款。证券交易所兴起的早期阶段，主要业务就是买卖政府债券，股票交易有限。

和股票市场一样，债券市场是由一级市场和二级市场组成的，即债券发行市场和债券流通市场。债券一级市场是指政府机关、金融机构、企业等资金需求者，为筹措资金而发行新债券，透过招投标或通过承销商，将债券出售给投资人所形成的市场，又称为发行市场；债券二级市场又称为流通市场，是指持有已发行债券的投资人出售变现，或从事债券买卖的投资者进行交易的市场。

那么，债券市场是如何形成的呢？

各国的债券市场基本上都是从发行政府债券开始逐渐发展起来的。中世纪之前，政府债券市场仅具有雏形，发行市场和流通市场都不很发达。到了17世纪下半叶，荷兰共和国公开发行了一批政府债券，在阿姆斯特丹交易所上市。在此之后，欧洲各国也纷纷将本国政府债券投放到阿姆斯特丹交易所上市，阿姆斯特丹也迅速成了欧洲最主要的债券市场。到18世纪中后期，英国和法国的经济发展和对外贸易已经超越了荷兰，于是英法两国就取代荷兰成了新的世界经济和金融中心，两国的债券市场很快发展起来，欧洲公债市场的重心开始向伦敦和巴黎转移。

美国的债券市场很早就出现了，在独立战争期间，政府就发行了各种临时债券和中期债券，以支付巨大的战争经费开支。1790年，费城成立了美国第一家证券交易所——费城证券交易所，该交易所成立之初主要就是交易政府债券。独立战争胜利后，美国第一任财政部长汉密尔顿开始着手重建国家财政，首先要解决的就是联邦政府发行的纸币“大陆币”的急剧贬值问题。1790年，美国政府按面值赎回“大陆币”，同时发行了新的国债以筹集赎买资金。国会通过国债的第一年，美国就募得了7500万美元的国债。此后，美国国债交易日渐发达。

进入19世纪以后，资本主义经济高速发展，出现了很多垄断企业，这些工商企业需要筹集大量资金以支持其长期发展，企业债券开始诞生，并创造出了不同种类的债券，也就形成了今天多样化的债券体系。

在亚洲，一些国家的债券市场也迅速形成和发展起来。日本在明治维新初期就学习了西方一套制度，开始发行政府债券，后来在修建大阪铁路时，又首次发行了公司债券。19世纪末到20世纪初，菲律宾、印度尼西亚、马来西亚、新加坡、韩国等亚洲国家的债券市场也陆续形成。

第二次世界大战以后，受经济利好驱动，全球债券市场开始了迅猛发展，债券品种繁多，如中央政府债券、地方政府债券、政府保证债券、国库券、其他政府部门债券、普通公司债券、可转换公司债券、抵押债券、金融债券、境外债券、外国债券、欧洲债券等。债券的期限结构更加多样化，出现了各种短期、中期、长期债券。

中国在1954年推出了第一批主权债券，在1950—1955年之间总共发行了5次国债，累计发行39.35亿元，在1968年全部偿清，此后的20年间再没有发行过债券。1981年，中国正式发行国债，此后连续发行了17年。我国债券市场正式诞生。此后，各种细分的市场不仅开始扩大规模，债券产品丰富度不断增加，还向国内公众以及越来越多的外国投资者提供各种各样、不同期限的债券产品。中国的债券市场虽然诞生较晚，但发展却非常迅速，到2020年年末，中国的债券市场规模已经位列世界第二位。

保险的起源

保险是最古老的风险管理方法之一。它以损失分摊的方法，用多数单位和个人缴纳的保费建立保险基金，使少数成员的损失由全体被保险人分担。保险合约中，被保险人支付一个固定金额（保费）给保险人，前者获得保证，在指定时期内，后者对特定事件或事件组造成的任何损失给予一定补偿。从本质上讲，保险体现的是一种经济关系。

人类社会从开始就面临着自然灾害和意外事故的侵扰，在与大自然抗争的过程中，古人就萌生了对付灾害事故的保险思想和原始形态的保险方法。我国历代王朝都非常重视积谷备荒。春秋时期孔子的“拼三余一”的思想是颇有代表性的见解。孔子认为，每年如能将收获粮食的三分之一积储起来，这样连续积储3年，便可存足1年的粮食，即“余一”。如果不断地积储粮食，经过27年可积存9年的粮食，就可达到太平盛世。

公元前2500年前后，古巴比伦王国国王命令僧侣、法官、村长等收取税款，作为救济火灾的资金；古埃及的石匠成立了丧葬互助组织，用交付会费的方式解决收殓安葬的资金；古罗马帝国时代的士兵组织，以集资的形式为阵亡将士的遗属提供生活费，逐渐形成保险制度……

随着贸易的发展，大约在公元前1792年，古巴比伦第六代国王汉谟拉比时代，商业繁荣。为了援助商业及保护商队的骡马和货物损失补偿，在《汉谟拉比法典》中，规定了共同分摊补偿损失之条款。

公元前916年，在地中海的罗德岛上，国王为了保证海上贸易的正常进行，制定了《罗地安海商法》，规定某位货主遭受损失，由包括船主、所有该船货物的货主在内的受益人共同分担，这是海上保险的滥觞；在公元前260年—前146年间，布匿战争期间，古罗马人为了解决军事运输问题，收取商人24%~36%的费用作为后备基金，以补偿船货损失，这就是海上保险的起源。17世纪，欧洲文艺复兴后，英国资本主义有了较大发展，经过大规模的殖民掠夺，英国日益发展成为拥有世界贸易和航运业垄断优势的大英帝国，为英国商人开展世界性的海上保险业务提供了条件。保险经纪人制度也随之产生。17世纪中叶，爱德华·劳埃德在泰晤士河畔开设了“劳合咖啡馆”，成为人们交换航运信息，购买保险及交谈商业新闻的场所。随后他在咖啡馆开办保险业务。1969年劳合咖啡馆迁至伦敦金融中心，成为现在的劳合社的前身。

公元前133年，在古罗马成立的各雷基亚（共济组织），向加入该组织的人收取100泽司和一瓶用来敬人的清酒。另外每个月收取每位成员5泽司，积累起来成为公积金，用于丧葬的补助费。这是人寿保险的萌芽。

现行火灾保险制度起源于英国。1666年9月2日，伦敦发生巨大火灾，全城被烧毁一半以上，损失约1200万英镑，20万人无家可归。由于这次大火的教训，保险思想逐渐深入人心。1677年，牙科医生尼古拉·巴蓬在伦敦开办个人保险，经营房屋火灾保险，出现了第一家专营房屋火灾保险的商行，火灾保险公司逐渐增多，1861—1911年间，英国登记在册的火灾保险公司达到567家。1909年，英国政府以法律的形式对火灾保险进行制约和监督，促进了火灾保险业务的正常发展。

综上可知，保险从萌芽时期的互助形式逐渐发展成为冒险借贷，发展到海上保险合约，发展到海上保险、火灾保险、人寿保险和其他保险，并逐渐发展成为现代保险。

第五章

金融衍生产品简史

金融衍生产品创新，是天使还是魔鬼

这是一条来自美国有线电视新闻网（CNN）的报道——

受金融衍生产品拖累，巴菲特掌控下的伯克希尔保险公司第二季度财报利润下滑40%。尽管巴菲特强调公司很少做需要预先抵押的交易，但联邦政府还是要求伯克希尔为所有衍生品合同提供担保。季报报告，2010年第二季度公司纯收入19.7亿美元，折合A股每股1.195美元。去年同期公司纯收入为33亿美元，合每股2.123美元。2007年，伯克希尔在各项金融衍生产品上获得15亿美元的增益，2008却下滑了14亿。算下来，这两年公司相当于在原地踏步。

金融衍生产品是指什么？它们在金融危机中又扮演了什么样的角色呢？

巴菲特曾经很形象地把金融衍生产品称为“大规模杀伤性武器”，当然我们理解这种说法，因为“股神”曾在金融衍生产品上吃了大亏。但是也有学者认为，金融衍生产品只是一种市场投资工具，本身并不是金融危机的罪魁祸首。

2008年，一场席卷全球的金融危机使得很多人都把金融衍生产品归类为“危险品”，也让人对金融创新有了更全面的认识。人们认为美国房市的跌幅，应不足以击倒贝尔斯登、雷曼、美国国际集团（AIG）以及“两房”等这些金融巨头。其中，过度膨胀的金融衍生产品无疑起到了推波助澜的作用，扮演了“巨人杀手”的角色。那么，金融衍生产品是此次全球金融危机的罪魁祸首吗？

回答这个问题之前，我们先明确一下金融衍生产品的定义：金融衍生产品是指以货币、债券、股票等传统金融产品为基础，以杠杆性的信用交易为特征的金融产品。

金融衍生产品的共同特征是保证金交易，即只要支付一定比例的保证金就可进行全额交易，不需实际上的本金转移，合约的了结一般也采用现金差价结算的方式进行，只有在满期日以实物交割方式履约的合约才需要买方交足贷款。因此，金融衍生产品交易具有杠杆效应。保证金越低，杠杆效应越大，风险也就越大。

金融衍生产品可以规避风险，它是对冲资产风险的好方法。但是，任何事情有好的一面也有坏的一面，风险规避了，一定是有人去承担了。衍生产品的高杠杆性就是将巨大的风险转移给了愿意承担的人，这类交易者称为投机者，而规避风险的一方称为套期保值者，另外一类交易者被称为套利者，这三类交易者共同维护了金融衍生产品市场上述功能的发挥。

金融衍生产品确实可以成为防范风险的避风港，但若交易不当将导致巨大的风险，有的甚至是灾难性的，比如国外有巴林银行事件、宝洁事件、信孚银行事件，国内有国储铜事件、中航油事件等。

那么，是什么使得金融衍生产品风险加大了呢？我们以巴林银行为例说明一下。

一是内部控制薄弱，对交易员缺乏有效的监督，这是造成金融衍生产品风险的一个重要原因。例如，内部风险管理混乱到了极点是巴林银行覆灭的主要原因。首先，巴林银行内部缺乏基本的风险防范机制，交易员里森一人身兼清算和交易两职，缺乏制衡，很容易通过改写交易记录来掩盖风险或亏损。同时，巴林银行也缺乏一个独立的风险控制检查部门对里森所为进行监控。其次，巴林银行管理层监管不严，风险意识薄弱。在日本关西大地震之后，里森因其衍生合约保证金不足而求助于总部时，总部竟然还将数亿美元调至新加坡分行，为其提供无限制的资金支持。再次，巴林银行领导层分裂，内部各业务环节之间关系紧张，令许多知情管理人员忽视市场人士和内部审检小组多次发出的警告，最后导致了整个巴林集团的覆没。

二是过度的激励机制激发了交易员的冒险精神，也增大了交易过程中的风险系数。金融监管不力也是造成金融衍生产品风险的另一主要原因。英国和新加坡的金融监管当局事先监管不力，或未协力合作，是导致巴林银行倒闭的重要原因之一。英国监管部门出现的问题是：第一，负责监管巴林等投资银行的部门曾口头上给予宽免，巴林将巨额款项汇出炒卖日经指数时，无须请示英格兰银行。第二，英格兰银行允许巴林集团内部银行给予证券部门无限制资金的支持。新加坡金融监管当局存在的问题是：首先，新加坡国际金融交易所面对激烈的国际竞争，为了促进业务的发展，在持仓量的控制方面过于宽松，没有严格执行持仓上限，允许单一交易账户大量积累日经期指和日债期货仓位，对会员公司可持有合约数量和缴纳保证金情况没有进行及时监督。其次，里森频繁地从事对倒交易，且交易数额异常庞大，竟然没有引起交易所的关注。如果英格兰银行、新加坡和大阪交易所之间能够加强交流，共享充分的信息，就会及时发现巴林银行在两个交易所持有的巨额头寸，或许巴林银行不会倒闭。

信用违约互换（CDS）是另一种应用广泛的场外信用衍生品。所谓场外交易，就是指不在有形的交易场所内进行交易，交易双方私下沟通，从而受到的监管更少，整个市场缺乏透明度。在雷曼兄弟申请破产保护后，许多人指责CDS市场对雷曼的打压是造成雷曼走投无路的原因，导致了随后作为保险公司的AIG的巨额亏损，从而造成了整个市场信心的崩溃。CDS究竟是什么？为什么有这么大的杀伤力使得深陷次贷危机的金融机构雪上加霜？

简单说来，在CDS合约中，CDS买方定期向CDS卖方支付一定的费用，可以视为是一种保险费的支付。如果不出现信用主体违约事件，则CDS卖方没有任何现金流出；而一旦信用主体出现违约，CDS卖方有义务以现金形式补偿债券面值与违约事件发生后债券价值之间的差额，或者以债券面值购买CDS买方所持债券。这样，CDS的买方相当于为自己手中的债券购买了一份保险。假设现在有一个购买了雷曼兄弟发行的债券的投资者，为了给自己手中的债券保险，他从AIG处购买了针对雷曼偿付能力的CDS。雷曼破产后，无法偿付债券本息，这一偿付责任就落到了AIG身上。问题是发行针对雷曼偿付能力CDS的机构不止AIG一家，面临损失的也就不仅仅是AIG。在场外交易的情形下，究竟有多少与雷曼相关的CDS无法统计，由此带来的连锁反应也就无法估计。根据国际互换与衍生品协会的统计数据，截至2007年年底，CDS的市场规模达到了62万亿美元，相当于当年美国GDP的4.5倍。

在经济良好时，CDS的风险很低，能够为贷款和债券避险，是一种良好的投资手段。但在危机发生后，它却因保证金杠杆交易放大了虚拟需求成为众矢之的。

以期货、期权、远期合约、掉期等为代表的金融衍生产品都是有效管理和降低市场参与者的风险的工具，金融衍生产品设计的初衷绝不是为了扩大风险。事实上，金融衍生产品作为风险转移工具，其良好运作离不开投机者的参与。因为，投机者正是风险的承担者。

在实际操作中，由于金融衍生产品的杠杠性会放大投机风险，需要监管部门严格控制。在次贷链条中，CDS因属于场外交易产品而被疏于监管，才导致市场扩大和反复转让后的权责混乱，违约率上升。因此，我们认为，美国次贷危机不是金融衍生产品惹的祸。相反，如果次贷链条中有充足的风险转移工具，危机发生的可能性就大大降低了。

远期合约：最简单的金融衍生产品

远期合约是20世纪80年代初兴起的一种保值工具，它是一种交易双方约定在未来的某一确定时间，以确定的价格买卖一定数量的某种金融资产的合约。合约中要规定交易的标的物、有效期和交割时的执行价格等项内容。通常是在两个金融机构之间或金融机构与其公司客户之间签署该合约。它不在规范的交易所内交易。

当远期合约的一方同意在将来某个确定的日期以某个确定的价格购买标的资产时，我们称这一方为多头。另一方同意在同样的日期以同样的价格出售该标的资产，这一方就被称为空头。在远期合约中的特定价格称为交割价格。在合约签署的时刻，所选择的交割价格应该使得远期合约的价值双方都为零。这意味着无须成本就可处于远期合约的多头或空头状态。

远期合约在到期日交割。空头的持有者交付标的资产给多头的持有者，多头支付等于交割价格的现金。决定远期合约价格的关键变量是标的资产的市场价格，正如以上提到的，签署远期合约时该合约的价值为零。其后，它可能具有正的或负的价值，这取决于标的资产价格的运动。例如，如果合约签署之后不久该标的资产价格上涨很快，则远期合约多头的价值变为正值，而远期合约空头的价值变为负值。

远期合约是现金交易，买方和卖方达成协议在未来的某一特定日期交割一定质量和数量的商品。价格可以预先确定或在交割时确定。

在远期合约签订之时，它没有价值，支付只在合约规定的未来某一日进行。在远期市场中经常用到两个术语，正向市场（溢价）和反向市场（差价）：

如果即期价格低于远期价格，市场状况被描述为正向市场或溢价；

如果即期价格高于远期价格，市场状况被描述为反向市场或差价。

那么远期价格怎样计算呢？原则上，计算远期价格是用交易时的即期价格加上持有成本。根据商品的情况，持有成本要考虑的因素包括仓储、保险和运输等。

$$远期价格=即期或现金价格+持有成本$$

根据基础资产划分，常见的金融远期合约包括四个大类。

（1）股权类资产的远期合约。包括单个股票的远期合约、一揽子股票的远期合约和股票价格指数的远期合约三个子类。

（2）债权类资产的远期合约。主要包括定期存款单、短期债券、长期债券、商业票据等固定收益证券的远期合约。

（3）远期利率协议。是指按照约定的名义本金，交易双方在约定的未来日期交换支付浮动利率和固定利率的远期协议。

（4）远期汇率协议。是指按照约定的汇率，交易双方在约定未来日期买卖约定数量的某种外币的远期协议。

远期合约较近期合约交易周期长，时间跨度大，所蕴含的不确定性因素多，加之远期合约成交量及持仓量不如近期合约大，流动性相对差一些，因此呈现远期合约价格波动较近期合约价格波动剧烈且频繁，风险性较大。

那么远期合约与期货合约有什么区别呢？期货合约与远期合约虽然都是在交易时约定在将来某一时间按约定的条件买卖一定数量的某种标的物的合约，但它们存在诸多区别。

具体来说有三点：

（1）标准化程度不同。远期合约遵循契约自由原则，合约中的相关条件如标的物的质量、数量、交割地点和交割时间都是依据双方的需要确定的；期货合约则是标准化的，期货交易所为各种标的物的期货合约制定了标准化的数量、质量、交割地点、交割时间、交割方式、合约规模等条款。

（2）交易场所不同。远期合约没有固定的场所，交易双方各自寻找合适的对象；期货合约则在交易所内交易，一般不允许场外交易。

（3）违约风险不同。远期合约的履行仅以签约双方的信誉为担保，一旦一方无力或不愿履约时，另一方就得蒙受损失；期货合约的履行则由交易所或清算公司提供担保。

掉期：灵活有效的避险工具

某企业生产的商品成品用于出口，而原材料则需要进口。某日该企业收到国外进口商支付的出口货款100万美元，这笔货款要用于企业下一轮生产支出，需要结汇成人民币，但是该企业原材料又大都是进口的，3个月后需要支付100万美元的原材料货款。如果该企业将现在收入的100万美元结汇，3个月后再以到时的即期汇价跟银行买100万美元支付给原材料进口商，除了需要面对汇率波动的风险外，来去两笔外汇买卖，需要支付给银行两笔手续费。

此时，该企业就可以与银行办理一笔即期对3个月远期的人民币与外币掉期业务，即期卖出100万美元，取得相应的人民币，3个月远期以人民币买入100万美元。通过上述交易，该企业可以补平其中的资金缺口，达到规避风险的目的。

上面描述的就是一次完整的掉期操作。那么，掉期有什么意义呢？

掉期是指在外汇市场上买进即期外汇的同时又卖出同种货币的远期外汇，或者卖出即期外汇的同时又买进同种货币的远期外汇，也就是说在同一笔交易中将一笔即期和一笔远期业务合在一起做，或者说在一笔业务中将借贷业务合在一起做。在掉期交易中，把即期汇率与远期汇率之差，即升水或贴水，叫作掉期率。

从掉期的定义中我们就可以看到其明显的避险功能。没错，这种金融衍生工具是金融界用来规避由于所借外债的汇率发生变化而给企业带来财务风险的一种主要手段。比如美国一家银行某日向客户按US＝DMl.68的汇率，卖出336万马克，收入200万美元。为防止将来马克升值或美元贬值，该行就利用掉期交易，在卖出即期马克的同时，又买进3个月的远期马克，其汇率为US = DM1.58。这样，虽然卖出了即期马克，但又补进了远期马克，使该家银行的马克、美元头寸结构不变。虽然在这笔远期买卖中该行要损失若干马克的贴水，但这笔损失可以从较高的美元利率和这笔现汇交易的买卖差价中得到补偿。

在国际金融市场一体化潮流的背景下，掉期交易作为一种灵活、有效的避险和资产负债综合管理的衍生工具，越来越受到国际金融界的重视，用途日益广泛，交易量急速增加。这种交易形式已逐步扩展到商品、股票等汇率、利率以外的领域。由于掉期合约内容复杂，多采取由交易双方一对一进行直接交易的形式，缺少活跃的二级市场和交易的公开性，具有较大的信用风险和市场风险。因此，从事掉期交易者多为实力雄厚、风险控制能力强的国际性金融机构，掉期交易市场基本上是银行同业市场。现在西方国家的商业银行之间进行商业交易时，很少使用远期交易合同，大多都采用掉期协议的办法。比如说，美国的大通曼哈顿银行现在需要英镑，它可以与英国的巴克莱银行达成掉期协议，先在大通曼哈顿银行依据即期汇率把美元付给巴克莱银行，巴克莱银行把英镑付给大通曼哈顿银行，3个月后交易逆转，大通银行根据当时合同规定的远期汇率再把英镑支付给巴克莱银行，从它那里收回美元。

掉期交易中较为常见的是货币掉期交易和利率掉期交易，让我们来看一个例子：

1981年，IBM公司和世界银行进行了一笔瑞士法郎和德国马克与美元之间的货币掉期交易，这也是世界上正式公布的第一笔货币掉期交易。当时，世界银行在欧洲美元市场上能够以较为有利的条件筹集到美元资金，但是为了实现多元配置，需要的却是瑞士法郎和德国马克。此时持有瑞士法郎和德国马克资金的IBM公司，正好希望将这两种货币形式的资金换成美元资金，以回避汇率风险。在所罗门兄弟公司的中介下，世界银行将以低息筹集到的美元资金提供给IBM公司，IBM公司将自己持有的瑞士法郎和德国马克资金提供给世界银行。通过这种掉期交易，世界银行以比自己筹集资金更为有利的条件筹集到了所需的瑞士法郎和德国马克资金，IBM公司则回避了汇率风险，低成本筹集到美元资金。通过这项掉期交易，世界银行和IBM公司在没有改变与原来的债权人之间的法律关系的情况下，以低成本筹集到了自身所需的资金。

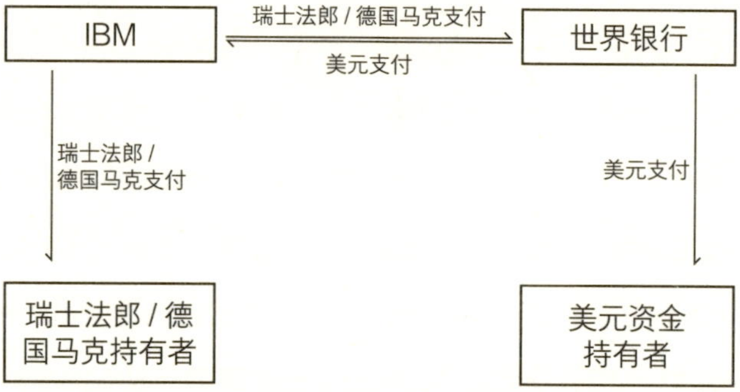

图7　1981年IBM-世界银行货币掉期交易示意图

最后我们再说一下掉期交易的交易形式，相信这也是很多投资者都比较关心的问题：

第一种，即期对远期的掉期交易。

即期对远期的掉期交易，指买进或卖出某种即期外汇的同时，卖出或买进同种货币的远期外汇。它是掉期交易里最常见的一种形式。这种交易形式按参加者不同又可分为两种：①纯粹的掉期交易，指交易只涉及两方，即所有外汇买卖都发生于银行与另一家银行或公司客户之间。②分散的掉期交易，指交易涉及三个参加者，即银行与一方进行即期交易的同时与另一方进行远期交易。但无论怎样，银行实际上仍然同时进行即期和远期交易，符合掉期交易的特征。进行这种交易的目的就在于避免风险，并从汇率的变动中获利。

第二种，一天掉期交易。

一天掉期又可分为今日掉明日、明日掉后日和即期掉次日。今日掉明日掉期的第一个到期日在今天，第二个掉期日在明天。明日掉后日掉期的第一个到期日在明天，第二个到期日在后天。即期掉次日掉期的第一个到期日在即期外汇买卖起息日（即后天），第二个到期日是将来的某一天（如即期掉1个月远期，远期到期日是即期交割日之后的第30天）。

第三种，远期对远期的掉期交易。

远期对远期的掉期交易，指买进并卖出两笔同种货币不同交割期的远期外汇。该交易有两种方式，一是买进较短交割期的远期外汇（如30天），卖出较长交割期的远期外汇（如90天）；二是买进期限较长的远期外汇，而卖出期限较短的远期外汇。假如一个交易者在卖出100万30天远期美元的同时，又买进100万90天远期美元，这个交易方式即远期对远期的掉期交易。

股指期货：最主流的非主流投资

股票指数期货是一种以股票价格指数作为标的物的金融期货合约。与外汇期货、利率期货和其他各种商品期货一样，股票指数期货同样是顺应人们规避风险的需要而产生的，而且是专门为人们管理股票市场的价格风险而设计的。

我们知道投资者在股票市场上面临的风险可分为两种。一种是股市的整体风险，又称为系统风险，即所有或大多数股票的价格一起波动的风险。另一种是个股风险，又称为非系统风险，即持有单个股票所面临的市场价格波动风险。那么怎么避险呢？你可能会说不要把鸡蛋放在一个篮子里，多买几种股票。不错，通过投资组合，即同时购买多种风险不同的股票，是可以较好地规避非系统风险，但却不能有效地规避整个股市下跌所带来的系统风险。

进入20世纪70年代以后，西方国家股票市场波动日益加剧，股票投资者迫切需要一种能够有效规避风险、实现资产保值的金融工具。于是，股票指数期货应运而生。它的兴起，一方面给拥有股票和将要购买或抛出股票的投资者提供了转移风险的有效工具，另一方面也给了期货投机者以投机的机会，使得股票指数期货迅速得到了不同投资者的青睐。

股票指数期货市场具有套期保值功能、价格发现功能、市场套利功能和指数化投资功能。这些功能从规避风险、价差投机、风险投资和资产组合的层面上形成了有效的投资及风险控制网。

股票指数期货交易的实质，就是投资者将其对整个股票市场价格指数的预期风险转移至期货市场的过程，通过对股票趋势持不同判断的投资者的买卖，来冲抵股票市场的风险。由于股票指数期货交易的对象是股票指数，以股票指数的变动为标准，以现金结算为唯一结算方式，交易双方都没有现实的股票，买卖的只是股票指数期货合约。

不过股指期货在发展的过程中也遇到一些波折。1987年10月19日，美国华尔街股市单日暴跌近25%，从而引发令全球股市重挫的金融风暴，即著名的“黑色星期五”。虽然事过三十余载，对如何造成恐慌性抛压至今众说纷纭。股票指数期货一度被认为是“元凶”之一，使股票指数期货的发展在那次股灾之后进入了停滞期。即使是著名的“布莱迪报告”也无法确定期货交易是唯一引发恐慌性抛盘的原因。事实上，更多的研究报告指出，股票指数期货交易并未明显增加股票市场价格的波动性。

后来，为了防范股票市场价格的大幅下跌，各证券交易所和期货交易所还是采取了多项限制措施。如纽约证券交易所规定道琼斯工业平均指数涨跌50点时，即限制程式交易的正式进行。期货交易所则制定出股票指数期货合约的涨跌停盘限制，借以冷却市场发生异常时的恐慌或过热情绪。

我国的股指期货从2010年4月16日上市至今，也曾被少数人误认为是大盘下跌的元凶。然而，通过研究显示，股指期货有着优异的价格发现功能，并不是砸盘的工具。一个合约总值不过300亿元的市场，怎么可能撬动数以万亿的现货市场。而首批投资者对该品种的适应能力也值得称道：他们不仅保证了股指期货市场的顺利运行，创造上市以来从来没有投资人被强制平仓的纪录，更令股指期货市场发挥了优异的价格发现功能。

那么股指期货交易有哪些特点呢?

首先，股指期货合约的交易对象既不是具体的实物商品，也不是具体的金融工具，而是衡量各种股票平均价格变动水平的无形的指数。合约的交易单位是以一定的货币与标的指数的乘积来表示，以各类合约的标的指数的点数来报价的。股指期货的交易主要包括交易单位、最小变动价位、每日价格波动限制、合约期限、结算日、结算方式及价格等。以香港恒生指数交易为例，交易单位是50港元×恒生指数，最小变动价位是1个指数点（即50港元），即恒生指数每降低一个点，则该期货合约的买者（多头）每份合约就亏50港元，卖者每份合约赚50港元。

其次，一般商品和其他金融期货合约的价格是以合约自身价值为基础形成的，而股指期货合约的价格是股指点数乘以人为规定的每点价格形成的：股指期货合约到期后，合约持有人只需交付或收取到期日股票指数与合约成交指数差额所对应的现金即可了结交易。比如投资者在9000点买入1份恒生指数期货合约后，一直将其持有到期，假设到期日恒生指数为10000点，则投资者无须进行与股票相关的实物交割，而是采用收取5万元现金［（10000－9000）×50］的方式了结交易。这种现金交割方式也是股指期货合约的一大特点。

最后，期货具有套期保值功能。利用股指期货进行套期保值的原理是根据股票指数和股票价格变动的同方向趋势，在股票的现货市场和股票指数的期货市场上做相反的操作来抵消股价变动的风险。股指期货合约的价格等于某种股票指数的点数乘以规定的每点价格。各种股指期货合约每点的价格亦不尽相同。

我们假设某投资者在香港股市持有总市值为195万港元的10种上市股票。该投资者预计东南亚金融危机可能会引发香港股市的整体下跌，为规避风险，进行套期保值，在13000点的价位上卖出3份3个月到期的恒生指数期货。随后两个月，股市果然大幅下跌，该投资者持有股票的市值由200万港元贬值为150万港元，股票现货市场损失45万港元，这时恒生指数期货亦跌至10000点，于是该投资者在期货市场上以平仓方式买进原有的3份合约，实现期货市场的平仓盈利45万港元［（13000－10000）×50×3］，期货市场的盈利恰好抵消了现货市场的亏损，较好地实现了套期保值。同样，股指期货也像其他期货品种一样，可以利用买进卖出的差价进行投机交易。

期权：举足轻重的金融衍生产品

请看这样一个案例：1月1日，标的物是铜期货，它的期权执行价格为1850美元/吨。A买入这个权利，付出5美元；B卖出这个权利，收入5美元。2月1日，铜期货价上涨至1905美元/吨，看涨期权的价格涨至55美元。A可采取两个策略：

行使权利——A有权按1850美元/吨的价格从B手中买入铜期货；B在A提出这个行使期权的要求后，必须予以满足，即便B手中没有铜，也只能以1905美元/吨的市价在期货市场上买入而以1850美元/吨的执行价卖给A，而A可以1905美元/吨的市价在期货市场上抛出，获利50美元/吨（1905－1850－5），B则损失50美元/吨（1850－1905+5）。

售出权利——A可以55美元的价格售出看涨期权，A获利50美元/吨（55－5）。

如果铜价下跌，即铜期货市价低于敲定价格1850美元/吨，A就会放弃这个权利，只损失5美元权利金，B则净赚5美元。

这是期权交易的一种——看涨期权。1973年，当芝加哥期权交易所开始交易期权时，16个股票的期权只有911手合约的交易。但是经过数十年的发展，根据对美国期货协会（FIA）汇总的全球80多家交易所相关数据进行统计分析，2020年全球期权成交量为212.22亿手，突破历史新高。那么，使得期权迅猛发展的原因是什么呢？

期权是在期货的基础上产生的一种衍生性金融工具，说白了就是一种选择权。当期权的买方向卖方支付一定数额的权利金后，就获得这种权利，即拥有在一定时间内以一定的价格（执行价格）出售或购买一定数量的标的物（实物商品、证券或期货合约）的权利。期权的买方行使权利时，卖方必须按期权合约规定的内容履行义务。相反，买方可以放弃行使权利，此时买方只损失权利金，同时，卖方则赚取权利金。总之，期权的买方拥有执行期权的权利，无执行的义务；而期权的卖方只是履行期权的义务。

期权发展得非常迅速，已经从股票期权发展到了债券期权、商品期权、能源期权、股票指数期权、掉期期权、信用期权等几乎所有有期货的基础市场，并从第一代标准期权发展到了有特殊目的和用途的第二代甚至第三代期权，成为交易所交易和柜台交易衍生产品的重要组成部分，期权交易的增长速度甚至超过了相应的期货。以2020年最新的数据来看，期权已经成为国际交易所交易的衍生产品的生力军。

期权交易作为期货交易基础上产生的一种全新的衍生产品和有效的风险管理工具，它具有独特的经济功能和较高的投资价值。一是期权更有利于现货经营企业的套期保值，他们通过购买期权，可以避免期货交易中追加保证金的风险。二是期权有利于发展订单农业及解决“三农”问题。美国政府就通过向农场主提供期权权利金的财政补贴及支付交易中的手续费等形式，以引导、鼓励农民进入期权市场，这方面的经验值得我们借鉴。三是期货投资者可以利用期权规避市场风险。期权可以为期货进行“再保险”，二者的不同组合，可以构造多种不同风险偏好的交易策略，为投资者提供了更多的交易选择。因此，期权是一种有效的风险管理工具。

按执行时间的不同，期权主要可分为两种：欧式期权和美式期权。

欧式期权，是指只有在合约到期日才被允许执行的期权，它在大部分场外交易中被采用。美式期权，是指可以在成立后有效期内任何一天被执行的期权，多为场内交易所采用。

期权主要有如下几个构成因素：①执行价格（又称履约价格）。期权的买方行使权利时事先规定的标的物买卖价格。②权利金。期权的买方支付的期权价格，即买方为获得期权而付给期权卖方的费用。③履约保证金。期权卖方必须存入交易所用于履约的财力担保。④看涨期权和看跌期权。看涨期权，是指在协议规定的有效期内，协议持有人按规定的价格和数量买进一定数量标的物的权利；看跌期权，是指期权的购买者拥有在期权合约有效期内按执行价格卖出一定数量标的物的权力。当期权买方预期标的物价格会超出执行价格时，他就会买进看涨期权，相反就会买进看跌期权。

前面我们已经举过看涨期权的例子，现在再来看一个看跌期权的案例。

比如，1月1日，铜期货的执行价格为1750美元/吨，A买入这个权利付出5美元；B卖出这个权利，收入5美元。2月1日，铜价跌至1695美元/吨，看跌期权的价格涨至55美元/吨。此时，A有两个选择：

行使权利——A可以按1695美元/吨的中价从市场上买入铜，而以1750美元/吨的价格卖给B，B必须接受，A从中获利50美元/吨（1750 – 1695 – 5），B损失50美元/吨。

售出权利——A可以55美元的价格售出看跌期权。A获利50美元/吨（55 – 5）。

如果铜期货价格上涨，A就会放弃这个权利而损失5美元权利金，B则净赚5美元。

从这个例子中我们可以看到：①作为期权的买方（无论是看涨期权还是看跌期权）只有权利而无义务。他的风险是有限的（亏损最大值为权利金），但在理论上获利是无限的。②作为期权的卖方（无论是看涨期权还是看跌期权）只有义务而无权利，在理论上他的风险是无限的，但收益是有限的（收益最大值为权利金）。③期权的买方无须付出保证金，卖方则必须支付保证金以作为必须履行义务的财务担保。

下面我们再具体说一下投资者们最关心的期权合约。每一期权合约都包括四个特别的项目：标的资产、期权行使价、数量和行使时限。

（1）标的资产。每一期权合约都有一标的资产，标的资产可以是众多的金融产品中的任何一种，如普通股票、股价指数、期货合约、债券、外汇等。通常，把标的资产为股票的期权称为股票期权，如此类推。所以，期权有股票期权、股票指数期权、外汇期权、利率期权、期货期权等，它们通常在证券交易所、期权交易所、期货交易所挂牌交易，当然，也有场外交易。

（2）期权行使价。在行使期权时，用以买卖标的资产的价格。在大部分交易的期权中，标的资产价格接近期权的行使价。行使价格在期权合约中都有明确的规定，通常是由交易所按一定标准以减增的形式给出，故同一标的的期权有若干个不同价格。一般来说，在某种期权刚开始交易时，每一种期权合约都会按照一定的间距给出几个不同的执行价格，然后根据标的资产的变动适时增加。至于每一种期权有多少个执行价格，取决于该标的资产的价格波动情况。投资者在买卖期权时，对执行价格选择的一般原则是：选择在标的资产价格附近交易活跃的执行价格。

（3）数量。期权合约明确规定合约持有人有权买入或卖出标的资产数量。例如，一张标准的期权合约所买卖股票的数量为100股，但在一些交易所亦有例外。如在香港证券交易所交易的期权合约，其标的股票的数量等于该股票每手的买卖数量。

（4）行使时限（到期日）。每一期权合约都具有有效的行使期限，如果超过这一期限，期权合约即失效。一般来说，期权的行使时限为一至三、六、九个月不等，单个股票的期权合约的有效期间至多约为九个月。场外交易期权的到期日根据买卖双方的需要量身定制。但在期权交易场所内，任何一只股票都要归入一个特定的有效周期。有效周期可分为这样几种：一月、四月、七月、十月；二月、五月、八月和十一月；三月、六月、九月和十二月。它们分别称为一月周期、二月周期和三月周期。

第六章

影响世界的金融巨头

富过八代的罗斯柴尔德家族

滑铁卢战役真正的赢家是谁？不是拿破仑，也不是威灵顿公爵，而是罗斯柴尔德！滑铁卢战役是拿破仑与反法联军之间的战役，作战的时候，拿破仑因为指挥出错，加上士兵不足，而反法联军又来了援军，必败无疑。这个时候，没有人注意到有一个人从战场上离开了，那个人马不停蹄地前往内森·罗斯柴尔德居住的小镇，把战况说给内森·罗斯柴尔德听。持有大部分英国国债的内森·罗斯柴尔德马上抛出了所有的英国国债，其他人不明所以也跟着抛出，不到半日，英国国债跌到低谷。第二天，内森·罗斯柴尔德用最低价购进了绝大部分国债，并稳稳地持有。大约几天后，反法联盟胜利的消息传来，英国国债的价格呈几何倍数上升。从中，内森·罗斯柴尔德大赚了一笔，而后才有了众所周知的60万亿美元的家产。

以上是罗斯柴尔德家族发迹史的一个小片段。罗斯柴尔德家族是欧洲乃至世界久负盛名的金融家族，号称“欧洲第六帝国”。那么这个家族是怎样搅动世界金融风云的呢？

一部《货币战争》让很多人都知道了罗斯柴尔德家族，今天的罗斯柴尔德家族已经富过了八代。尽管其财富与权势相对而言不如19世纪时，但仍然是一个超级富豪家族。

罗斯柴尔德家族是19世纪欧洲最富有、最神秘的家族。当时德国诗人海涅就说："金钱是我们时代的上帝，而罗斯柴尔德则是上帝的导师。"可是，第一代罗斯柴尔德人开始创业的时候，也只不过是法兰克福的一个普通犹太商人，仅仅用了不足一百年的时间，罗斯柴尔德家族就控制了整个欧洲的金融命脉。在其鼎盛时期，势力范围遍布欧美，所控制的财富甚至占了当时世界总财富的一半，达到50万亿美元。世界主要经济体的国债由他们发行，每天黄金交易的开盘价由他们来确定，世界各国的股市都随着罗斯柴尔德资金的走向而波动，他们被称为当时欧洲凌驾于英国、法国、德国、俄国和奥地利之上的第六帝国，他们五箭齐发的族徽也成了世界金融权力的象征。

19世纪初，罗斯柴尔德家族建立了自己的战略情报收集和快递系统。就像我们在小故事中提到的，滑铁卢大战中，罗斯柴尔德家族在公债投机上一天狂赚20倍，一举成为英国政府最大的债权人，获得的财富甚至超过了拿破仑和威灵顿在几十年战争中所得到的总和。

主宰英国金融业后，罗斯柴尔德家族并没有停下征战的脚步，他们随后便征服法兰西，问鼎奥地利，甚至把持德意的财政。其家族产业不仅遍布欧洲，甚至通过扶植摩根财团牵制美国，并力图全面控制美国。此外，当时的花旗、摩根和美国第一、第二国民银行都处于罗斯柴尔德家族的间接控制之下。第一次世界大战时期，罗斯柴尔德家族达到了自己的最高峰——控制了全球金融命脉。

但是罗斯柴尔德家族还是衰落了。在第一次世界大战和第二次世界大战中它的许多位于德国、法国和意大利的资产被摧毁了，其中位于法国的办公室甚至在第二次世界大战结束后就被国有化了。作为犹太人家族，罗斯柴尔德在纳粹统治下受到的打击是惨重的，虽然英国总部基本没有损失，但欧洲大陆的家族势力基本被消灭了。冷战期间，罗斯柴尔德家族在东欧的许多资产又被苏联接管了，并且没有被退回来。

当然，导致家族衰落的原因还有经营上的错误：首先，罗斯柴尔德家族在1865年出现战略判断失误，认为美国经济不会大幅度发展，于是把它在美国的分行都撤销了。这是一个致命失误，直接导致了摩根家族的兴起。其次，罗斯柴尔德坚持家族产业，也阻碍了它的继续发展。从20世纪60年代开始，欧美的大银行纷纷上市，筹集了大量资金，罗斯柴尔德则还是用自有资金经营，发展速度缓慢，逐渐落伍了。

后来罗斯柴尔德银行集团的业务主要集中在并购重组，就是帮助大企业收购兼并其他的企业，或者对其资产结构进行重组。罗斯柴尔德的并购重组业务主要在欧洲，2019年，按并购交易数量计算，罗斯柴尔德全球排名第二，欧洲排名第一。而2019年罗斯柴尔德银行集团一年的总收入为18.72亿欧元，净利润为2.33亿欧元，不到欧美大银行的一个零头。不过，除了金融业务外，罗斯柴尔德家族的生意还涉及房地产、农业、酒庄、能源业、艺术品收藏等，并设立了很多非营利组织。

最后，还有一点小趣闻要和大家分享：罗斯柴尔德家族不仅在财富上登峰造极，而且在其他方面也同样优秀。有153种或次种类昆虫、58种鸟、18种哺乳动物、14种植物、3种鱼、3种蜘蛛和2种爬行动物冠以“罗斯柴尔德”之名。爱好红酒的人当然都知道拉菲，这种酒就出自罗斯柴尔德名下的拉菲葡萄庄园。

打上世界财富标记的洛克菲勒财团

洛克菲勒家族到底多有钱？1975年，尼尔森·洛克菲勒在得克萨斯州购买了1.8万英亩土地，仅仅是作为“室外活动场地”。在他的另一处山庄，随时待命的各类家政工人，包括清洁工、保安、厨师和园丁等超过500人，位于哈伯的一所度假庄园备仆45人，尼尔森一所私宅雇仆人15人。不完全的统计中洛家仆人已超过2500人。洛家人人爱旅行，行踪随意不定，因此所有庄园场所都保持在随时可以使用的完美状态，预备任意一位主人兴之所至大驾光临。

而洛克菲勒财团经营的投资资产就更多了：加利福尼亚标准公司、IBM、大通曼哈顿银行、美孚石油、通用电气、得克萨斯仪器、明尼苏达矿业制造等。

洛克菲勒财团声名显赫，一度成为财富的象征。那么洛克菲勒家族是怎样发迹的呢？

当人们谈论金融史或者是当代美国史时，很难避开洛克菲勒这个家族的姓氏：标准石油公司、洛克菲勒基金会、大通银行、现代艺术博物馆、洛克菲勒中心、芝加哥大学、洛克菲勒大学，还有令美利坚合众国悲伤的在“9·11”中倾倒的双塔。

而当我们在回顾洛克菲勒家族的发家史时，发现正是由于这个家族几代人的不懈努力才成就了辉煌的洛克菲勒财团。

第二次世界大战结束不久，战胜国决定成立一个处理世界事务的联合国。可在什么地方建立这个总部，一时间大国首脑们颇费思量。地点理应选择在一座繁华的城市，可在任何一座繁华都市购买可以建立联合国总部这样庞大楼宇的土地，都需要一笔巨资，这笔款项从何而来？这令各国首脑感到十分为难。洛克菲勒家族听说了这件事，立刻出资870万美元在纽约买下了一大块地皮，无条件地捐赠给了联合国。这令世人大感惊诧。

联合国大楼建起来后，四周的地价立即飙升，而洛克菲勒家族在买下捐赠给联合国的那块地皮时，也买下了与这块地皮毗邻的全部地皮。洛克菲勒家族的慷慨这时才表现出其深谋远虑的超人智慧：凭借毗邻联合国的地皮，它获得了不知多少个870万美元的财富。

洛克菲勒财团的创始人约翰·洛克菲勒（1839—1937）的第一份工作是担任一家小公司的簿记员。后来他创建了标准石油公司，实际上就是美国石油业的开始。

1910年，当约翰·洛克菲勒发现自己名下的财富已经达到近10亿美元时，他开始考虑如何运用这笔财富。由于他对购买法国庄园或苏格

图8　纽约洛克菲勒中心的普罗米修斯喷泉。洛克菲勒中心由19栋大楼组成，各大楼底层相通，1987年被美国政府认定为国家历史地标。

兰城堡没有兴趣，又不屑于购买艺术品、游艇或中世纪韵味的西服以及所有富人们所津津乐道的东西，他就把自己收入中的很大部分投资于煤矿、铁路、保险公司、银行和各种类型的生产企业，其中最出名的是铁矿生意。

如果约翰·洛克菲勒现在还在世，他的身价折合成今天的美元约有2000亿——根据2003年的《福布斯》亿万富翁排行榜，当时世界首富比尔·盖茨的身价为407亿美元。

作为约翰·洛克菲勒唯一的儿子，小约翰·洛克菲勒继承了父亲的事业，成为家族的掌门人。1931年，小约翰·洛克菲勒不顾笼罩在北美和西美上空经济萧条的乌云，决定要实施久已怀抱的宏图：在曼哈顿中心建造一群建筑，使之成为经典娱乐中心。这个建筑群就是洛克菲勒中心。洛克菲勒中心由19幢大楼组成，占地22英亩。全国电视节目播送基地大都在这儿，许多国际公司的总部也设在这里。地下的商店和餐馆，把各栋大楼连在了一起。下沉广场也非常引人注目，那是城市的和平绿洲，飘扬着联合国的159面彩旗。广场的周围有带状街心花园，供人们小憩，并经常举办各种展览。中心的各个建筑物之间都有地下通道连接。建筑群的主体是GE大厦，70层，高259米。外观强调垂直线条，是板式高层建筑的雏形。整组建筑群布局紧凑，建筑密集有序。

每天在这里上班的人数达65000人。这里的餐厅、药店、理发店、银行、电影院、书店等设施样样齐备，俨然是一个浓缩的小社会。由于工作、休闲功能建筑的综合搭配，晚上10点，这里的夜生活才刚刚开始。从1932年起，每年圣诞节前夕，洛克菲勒中心广场都要竖立一棵纽约市最大的圣诞树，这里的圣诞夜景是游客的必看之处。

1937年，家族第三代劳伦斯·洛克菲勒在华尔街开始了自己的职业生涯，他成为现代风险投资的开拓者，也把从洛克菲勒家族继承来的财富成功翻了数倍。在纽约证券交易所供职数十年，他经常用他与生俱来的商业本能做出重要决定。他不满足于单纯赚更多钱，而是希望能让金钱生产出具有长久意义的东西。洛克菲勒家族第三代掌门人大卫·洛克菲勒这样评价他的哥哥：“我很佩服他在生意场上表现出来的非凡才能，在风险资本领域我总是跟着他做事。他在这一领域确实是真正的先锋。”

大卫·洛克菲勒是第三代兄弟中最小的一个，也是最出色的一个，作为美国第一家族的后代，大卫有其他人没有的机会，可以接触全世界最有影响力的经济学家、最有权势的家族、影响整个欧美政局的政治家、每一届美国总统，参与了很多改变世界格局的重要访问。他在冷战时期造访苏联，跟赫鲁晓夫和戈尔巴乔夫都有过直接而锋利的面对面交流，他也是第一批在中美关系开始解冻后的1973年到访中国的资本家，还是在改革开放之初跟中国密切接触并成功开展商务活动的国际金融家。

1973年能源危机以后，石油输出国组织国家同美国垄断资本展开了针锋相对的斗争，给洛克菲勒财团以沉重打击。洛克菲勒财团采取各种措施挽回这种不利的局面。他们参与美国国内石油的开发，争取国内沿海地区近海油田的租赁权，1976年获得阿拉斯加和大西洋沿岸中部的石油租赁地130万英亩；又与英荷壳牌石油公司共同开发英国北海油田。它还渗入能源工业的其他有关部门；此外，还大力向石油化学工业发展。

洛克菲勒财团不但在经济领域里占统治地位，在政府中也安插了一大批代理人，左右着美国政府的内政外交政策。它还通过洛克菲勒基金会、洛克菲勒兄弟基金会等组织，向教育、科学、卫生以至艺术和社会生活各方面渗透，以扩大其影响。

经历了一个多世纪的洛克菲勒家族，仍在续写着辉煌的历史。

金融海啸背后的操纵人高盛公司

敌意收购在美国刚刚出现的时候，有一天高盛的合伙人弗莱德曼在一家律师行和人讨论一个案子。这个时候一个工作人员拿着第二天《纽约时报》的小样走了进来，请自己的老板过目，那上面印着某个敌意收购方第二天准备用来启动针对盖洛克纸业公司的要约收购的广告。弗莱德曼瞥了一眼后，匆忙走出会议室，打电话告诉自己的同事："给盖洛克打电话，告诉他们两件事：第一，他们明天将被敌意攻击；第二，我们准备好了帮助他们。"从那以后，高盛负责并购业务的团队每天晚上10点都会有专人到离《纽约时报》印刷点最近的地方，等待新鲜出炉的第二天的报纸。在他们看来，一个交易是交给自己还是让给竞争对手，可能差的就是这先人一步的几十分钟。

这就是高盛，从小故事中我们已经看到了高盛强韧的一面，可以说高盛能够由弱到强，就是这样一步步走来的。

大名鼎鼎的高盛也曾经无比弱小，也曾经作为一家由犹太人经营的公司而只能在狭窄的范围内开展业务，也曾经是一个有很多弱点，仅仅在大宗交易、商业票据以及风险套利这三个独立业务上拥有明显优势的二流企业，也曾经在多项投资和决策中失误并且付出高昂代价……但是，最终这家家族型企业却发展成为世界上最著名的投资银行、现在的金融业巨头。

1869年，48岁的德国犹太人后裔马库斯·戈德曼在纽约曼哈顿南部松树街一间狭窄的小屋里挂出了“马库斯·戈德曼公司”的招牌，主营业务是倒卖商业本票。这就是高盛的前身。当时，一些缺钱的企业会从富裕的珠宝商和皮革商那里借钱，并立下借款字据，到还款期限时凭字据还钱。这种字据是可以转让的，到期时，谁手中持有字据，企业就把钱还给谁。这种字据就是商业本票。

渐渐地，戈德曼开始意识到，本票倒卖这种不起眼的经营手段远比不上股票和债券承销业务所能创造的利润。为了把公司做大，1882年，戈德曼邀请女婿塞缪尔·萨克斯加入公司，成为公司合伙人，并将公司更名为“戈德曼和萨克斯公司”，即高盛。3年后，他的儿子亨利·戈德曼也进入公司并成为合伙人。当时的高盛，是一家以血缘和姻亲关系为纽带、实行合伙人制度的小型家族企业，即由家族中的几个人合伙并共同拥有公司股份、分享经营利润。比高盛更早成立的罗斯柴尔德集团、摩根公司以及雷曼兄弟公司等，也都是采用这种合伙人经营机制。

20世纪初期的美国，投资银行业务迅猛发展，在经济甚至政治领域都扮演着非常重要的角色。以摩根为代表的大财团，影响力巨大，华尔街一度传言，美国总统只是这些大财团的“打工仔”。当时处于相对弱势的高盛，也没有错过难得的发展机遇，30年里，他们联合雷曼兄弟公司为56家企业完成了114次证券承销业务，逐渐强大起来。

值得注意的是，高盛公司一直实行合伙人制，在高盛的等级体制中，能成为合伙人是升迁的重要步骤。在高盛的2万多名员工中，只有300人能成为合伙人。合伙人每两年重新评选一次，竞争非常激烈，大多数合伙人的任期都很短暂。这一竞争正在加剧。在20世纪80年代，高盛合伙人平均任期达10年，而现在仅有8年。激烈的竞争使得高盛职员工作起来格外卖力。

在这样的制度下，两年一次的合伙人选拔成了一件非常严肃的事情，往往一选就是7个月。2万多名员工都想成为1200名中层中的一员，而这1200人又个个想成为300名合伙人之一。而这300人，年薪达百万美元以上，还可以参与公司分红。这一机制很好地保证了所有高盛员工一面努力赚钱，一面对共同利益进行高度监督。

一位合伙人曾经这样解释高盛的合伙人制度："高盛公司看起来就像有五六十个小部门在运营，并且他们有充分的自由去做他们想做的事情。在这个组织里，获得声望的唯一途径就是业务上的成功，得到经济利益和精神利益的手段则是相互合作。"

就这样，高盛在合伙制下成功地运转了很多年。但是，1998年，当金融市场的合并使高盛处于不利的竞争地位，而高盛业务的发展需要更多的资金、需要更好的融资渠道时，高盛适时地放弃了合伙制而转变成为上市公司。

但是近些年来高盛为人所熟知，大多是因为各种麻烦与控诉。比如美国证券交易委员会曾向高盛提出控告，指控高盛在金融危机中扮演了一个不光彩的角色，在次级债金融衍生产品交易中涉嫌欺诈投资者，造成投资者损失约10亿美元。

最终高盛同意向美国财政部和几家潜在受害方支付5.5亿美元的罚款和赔偿，以了结"欺诈门"指控，这也创下了华尔街单个公司领受罚单的新纪录。

2008年9月22日，美国联邦储备委员会采取了一项非同一般的措施，批准摩根士丹利和高盛集团从投资银行转型为传统的银行控股公司。这是华尔街，也是全球金融市场一个历史性的转折点——这意味着，全球排名第一与第二的独立性投资银行，也将变成一个混业经营的银行机构。高盛作为投资银行百年的辉煌，在2008年的这个多事之秋成为一段历史。

摩根财团：华尔街的“拿破仑”

摩根财团的创始人J.P.摩根（老摩根）出生于金融世家，祖父和父亲都一直从事银行和保险业。作为一名“富二代”，老摩根年轻时的生活并不轻松，他先是到国外读了父亲指定的留学课程，毕业后又进入父亲朋友的商行当学徒，实践自己学到的商业知识。这些经历磨炼了老摩根的意志、商业眼光和野心，他曾经说过一句话：“用以推动历史的不是法律，而是金钱，只是金钱！”

1861年，美国爆发南北战争，老摩根乘机向政府大肆推销各种枪支弹药，大捞了一笔钱，这些积累成为摩根财团日后四处扩张的资本。在第一次世界大战中，摩根公司利用其在国会中的关系，独家包办了美国对西欧的金融业务。摩根公司先后为英法政府筹措战债30亿美元，仅此一项的佣金就达3000万美元。在第二次世界大战中，摩根财团是政府最大的军火承包商。

正是由于以摩根财团为首的军火商在国会的游说，才最后促成了美国政府通过对盟国的“租借法案”。第二次世界大战中，美国依据租借法案向盟国提供了本息总计近万亿美元的武器和资源，谁又能知道，摩根财团在其中的进项有多少？第二次世界大战后，摩根财团也从来没有停止过军火生意。美国政府战后在世界各地发动的大小战争中，到处都有摩根财团经手买来的武器。在越南战争爆发后，摩根财团下属的通用电气公司仅1967年一年就接受了14亿美元的订单。

之所以说起“战争故事”，是因为这样的事情在摩根财团的发展史中多次出现。

权力和财富的关系从来就密不可分，摩根财团的政治冲动也总是和有利可图的机会结合在一起。

150年来，老摩根和他的后代都极善于利用政治和权术来达到经济目的，从而使得摩根财团的规模迅速膨胀，成为主宰华尔街乃至全球的金融霸主：在两次世界大战中，摩根财团成为超脱交战双方的通吃赢家；在两次毁灭全球的经济危机中，摩根财团两度使美国经济起死回生；直至2008年，在全球金融风暴中，摩根财团扩张了自己的势力范围……

摩根财团让全球众多的总统和亿万富豪成为他们的棋子与工具；摩根财团开创了由家族成员之外的人担任CEO的先河，成为家族企业基业长青的范本；作为世界上第一个用电灯照明的家庭，装灯泡的电工是爱迪生本人；而老字号摩根总部，则一直无比低调地坐落在华尔街拐角处，至今连招牌也没有。

20世纪初，老摩根把西奥多·罗斯福捧上总统宝座。为了回报老摩根的支持，这一届罗斯福政府处处遵从摩根财团的指示。伍德罗·威尔逊总统也是得到摩根财团支持才得以压倒对手上台的。摩根财团后来促使这届美国政府参加了第一次世界大战。赫伯特·胡佛是摩根财团用钱推上政治舞台的，最终也成为摩根财团的代言人兼美国总统。20世纪50年代，在杜鲁门政府中，先后的三个国务卿都与摩根财团有瓜葛。艾森豪威尔政府的三个国防部部长都与摩根财团有密切关系。由于摩根财团在20世纪上半叶牢牢地控制了美国政府，才得以受到种种经济保护，并拿到源源不断的政府订单，从中牟取暴利。

图9 J.P.摩根（1837—1912）。J.P.摩根曾像巨人一样支配着整个金融世界，作为创建通用电气公司、美国钢铁公司以及地域广泛的“铁路帝国”的幕后策划人物，在几十年里，他都是美国民间的核心银行家。

摩根财团的主要势力集中在西欧和加拿大，但在19世纪及20世纪上半叶的殖民主义时代，摩根财团也将扩张的步伐迈进了当时社会经济情况落后的一些亚非拉国家。比如在我国清政府时期，它曾经取得广州至汉口的铁路建筑权，后因为我国群众发起声势浩大的抗议运动而作罢。但摩根财团还是乘机向清政府索取了600多万美元的赔偿。它属下的公司在旧上海设立的爱迪生灯泡厂、慎昌洋行、钢车公司，都是当时上海滩上赫赫有名的企业。当然，摩根财团在中国的经济利益和种种特权，随着1949年中华人民共和国的成立而烟消云散。

摩根财团利用1893年的经济危机，取得通往美国西部铁路的修筑专营权，从而控制了美国铁路总长度的30%。1901年，它又收购了13个钢铁企业，组成了世界上最大的钢铁工业垄断组织，当时世界上最大的一些钢铁公司（如美国钢铁公司）都在摩根财团的控制之下。到第二次世界大战前，它已经统治了美国的金融业和钢铁、电气、运输、电讯等部门，总资产达300亿美元之多，占当时美国最大的八家财团总资产的一半，堪称“巨无霸财阀”，其势力发展到顶峰。

第一次世界大战结束后，伴随着美国成为大债权国，企业合并的浪潮又高涨起来。到1923年，这种浪潮更迅猛推进，在世界大恐慌开始的第一年（1929年），摩根体系金融资本又是怎么分配的呢？摩根家族体系包括银行家信托公司、保证信托公司、第一国家银行，总资本34亿美元。

摩根同盟总资本超过48亿美元，由国家城市银行、契约国家银行构成，摩根同盟与摩根家族系被总称为“摩根联盟”。摩根联盟中，以摩根公司为轴，进行董事连锁领导，与大金融资本以下、超过20万家主力金融机构互相联结，这样就构成结构庞大、组织严密的“摩根体系”。这一金融集团占有全美金融资本的33%，总值竟至200亿美元！此外，还有125亿美元保险资本，占全美保险业的65%。

摩根财团也不是一直一帆风顺，在摩根财团的发展史上，也曾经遇到数次经济危机，但是摩根财团在恐慌中寻找机遇，结果不但安然度过危机，甚至还从中找到了牟利机会。

美国在1837年、1857年、1873年、1893年连续发生“经济恐慌”，就是“银行家们有规律地放松银根，等待经济过热产生严重泡沫后又收缩银根”制造的结果。金融寡头们在精确计算这次金融危机的时间和预计成果：“首先是必须能够震撼美国社会，让事实说明，没有这样的中央银行，美国社会是多么的脆弱；其次能够挤垮和兼并中小竞争对手，特别是令人侧目的信托投资公司；第三就是得到垂涎已久的企业或行业。”

1907年危机爆发前的几个月，纽约的“摩根系”一直在伦敦与巴黎之间度假，会晤各大国际银行家。10月份他们回到纽约，有关“几个重要投资公司破产”的流言像病毒一样迅速蔓延，出现“挤兑风潮”，现金严重短缺，银行也要求投资公司立即还贷，危机开始爆发，到10月24

日，纽约交易所几乎停盘。

这时摩根以救世主的身份出现。纽约证券交易所主席来到摩根的办公室，祈求他出手帮助解决资金困难，否则只能关闭股票市场，别无他路。经过开会，摩根在16分钟内筹集了2500万美元，以“高息发放借款，解决资金短缺”，挽救了纽约证券交易所。但是有8家银行和信托公司倒闭。摩根又到纽约清算银行，以“发放票据”作为临时货币，应对严重的现金短缺。

随后的11月2日，以同样的手法，摩根财团为拯救风雨飘摇中濒临倒闭的摩尔斯莱公司（是田纳西矿业和钢铁公司的主要债权人，拥有田纳西、佐治亚、亚拉巴马州的铁矿和煤炭资源）提出“一揽子方案”，这将大大加强摩根控制下的“美国钢铁公司”的垄断地位。但这个方案必须得到总统的批准才能逃脱垄断法案的制约。于是11月3日晚上，摩根派人到华盛顿，劝说“对反垄断一点都不含糊”的总统老罗斯福：“务必在11月4日纽约股票市场开盘之前，批准‘拯救摩尔斯莱公司一揽子方案’生效。摩根的态度很明确，也就是必须按时批准。”

结果，总统在巨大的金融危机面前，加之顾及政治危机对总统宝座产生的危机，离周一开盘前5分钟被迫签署城下之盟。当天股市闻讯大振。

每一次金融危机都是蓄谋已久的精确定向爆破，崭新的金融大厦总是建筑在成千上万的破产者的废墟之上。当时摩根以4500万美元超低价吃下田纳西公司，其实际市值在10亿美元以上。

现在的摩根财团在金融业方面依然拥有雄厚的基础。其主要支柱是J.P.摩根公司。摩根公司是世界最大的跨国银行之一，在国内有10个子公司和许多支行，还有1000多个通信银行。在国外约20个大城市设有支行或代表处，在近40个国家的金融机构中拥有股权。其经营特点是大量买卖股票和经营巨额信托资产。它控制着外国37家商业银行、开发银行、投资公司和其他企业的股权。此外，还有制造商汉诺威公司、纽约银行家信托公司（也称美国信孚银行。1998年，德国最大的商业银行——德意志银行经美国联邦储备委员会批准，出资102亿美元兼并美国信孚银行）以及西北银行公司（1998年与富国银行合并）、谨慎人寿保险公司以及纽约人寿保险公司等。在工矿企业方面主要有国际商业机器公司、通用电气公司、美国钢铁公司以及通用汽车公司等；在公用事业方面则有美国电话电报公司（AT&T）和南方公司。

生产事业方面，全美35家主力企业中有摩根公司的47名董事。包括美国钢铁、通用汽车公司、肯尼格特制铜公司、德州海湾硫黄公司、大陆石油公司、奇异电器等。

摩根公司在铁路上的渗入已是尽人皆知了，同时，服务业方面它还拥有联合公司、国际电话电信公司、全美电缆、邮政电缆、AT&T等。

摩根同盟的两大银行——国家城市银行和契约银行有510亿美元总资产，它们下属的亚那科达的铜山、美国的香芋、古巴及美国的砂糖、西屋电气、联合金属碳化物等主要托拉斯企业也属于摩根联盟。

花旗集团：无限风光的全能金融超市

20世纪70年代初的《美国银行控股法》禁止银行通过控股公司的形式从事证券业和保险业以及“与金融业无必然联系的业务”。但该法也有意无意地留下一个漏洞，即并未将只拥有一家银行的所谓单一银行控股公司列入监管范围。花旗银行迅速在美国特拉华州成立了单一银行控股公司——花旗公司，而把花旗银行置于该控股公司控制之下。这个花旗公司纯粹是块招牌，但花旗银行通过它却实现了向证券、保险及“与金融业无必然联系的业务”的渗透，绕过了1934年大萧条时期美国仓促通过的《格拉斯-斯蒂格尔法案》所严格分业经营的隔墙，这本身已是一项了不起的制度创新。1967年执掌花旗的金融思想领袖沃尔特·瑞斯顿更是再接再厉，发动全体员工为拓展银行业务范围献计献策，共征集到可进一步开展的业务建议数十项。随即，花旗银行向联储局提出大量的新业务申请，有时甚至多达每天一项。花旗银行从此脱颖而出，成了美国银行业的带头人。

那么，花旗银行近些年来的发展又如何呢?

2004年年底，英国《金融时报》公布的一项对全球1000名首席执行官的调查显示，花旗集团是全球最受尊崇的金融服务公司。

接受调查者普遍认为花旗集团庞大的规模及其在金融领域的辉煌成就最为引人注目。

作为一个无比庞大的金融集团，花旗在全球一百多个国家有近两亿客户，包括个人、机构、企业和政府部门，提供广泛的金融产品服务——从消费银行服务到信贷、企业和投资银行服务，以至经纪、保险和资产管理，非任何其他金融机构可比。

数十年来，花旗集团一直以其在借贷、交易和盈利方面咄咄逼人的进攻策略而自豪。它比竞争对手更乐于接受新科技、引入新产品。2003年时，作为当时世界最大的银行，花旗在全球六大洲100多个国家营业，总收入为774亿美元，实现利润180亿美元，是美国盈利最多的企业之一。

当我们提到花旗银行时，就不得不说起沃尔特·瑞斯顿。沃尔特·瑞斯顿生于1919年。他的父亲亨利·瑞斯顿是颇具影响的历史和政治学专家，曾担任过美国常春藤盟校之一——布朗大学的校长。奇怪的是，这位历史学教授和他的妻子露丝，在新生儿沃尔特的摇篮旁边放着的不是希罗多德的《历史》，而是一部装帧考究的亚当·斯密的《国富论》。沃尔特没有辜负父母的期望，他效力于美国一家古老而华贵的银行——花旗银行，并在美国银行业取得了巨大成就。

当年轻的瑞斯顿刚刚涉足美国银行界时，金融财东们都是势力强大的白种人，他们架子十足又老派保守，怕冒风险，缺乏企业家的魄力和远见卓识，这些素质构成了当时银行业的主要特征。就是在这样的情况下，瑞斯顿锐意进取，极富创新精神，他的才华很快得到了管理层的赏识，被先后调入信贷部门和海外部，均做出不俗业绩。于是不到20年时间，瑞斯顿跃升为花旗总裁。

沃尔特·瑞斯顿在壮年时执掌一家庞然大物般的银行达17年之久，而且具有关键意义地提升了花旗的国际地位和品牌价值，不仅被美国银行业所瞩目，也成了全球关注的焦点。瑞斯顿曾长期是美国与世界无法绕开的风云人物。

在贷款业取得的成就为瑞斯顿的职业生涯开辟了另一条施展才华的辉煌之路：花旗把海外营业部花旗银行网站交给了瑞斯顿来掌管。

当时的花旗海外营业部比国内各部掉队十年，虽有所获利但获利甚微，只能用“原始”二字来形容。花旗的海外业务是从为拉丁美洲铁路贷款起头的，后来发展到菲律宾、日本和欧洲。

瑞斯顿到任后，以非凡的胆魄和智慧在非洲建立了第一家外资银行——非洲南部分行，后来在非洲遍设分行，形成了花旗非洲海外部，又通过政治、外交、经济等各类渠道千方百计而又史无前例地在冷战期间的苏联和对垒的伊朗开设了分行。瑞斯顿用十年的时间使花旗的分行网络遍及欧洲各国，澳大利亚的分行也获利颇丰。

历经近两个世纪的潜心开拓，花旗集团已经成为全球最大的金融服务机构之一，为世界各地的消费者、企业、政府及机构提供品种繁多的金融产品及服务，包括消费者银行和信贷、企业和投资银行、保险、证券经纪及资产管理服务。以红色雨伞为标志的花旗集团旗下的主要品牌包括：花旗银行、旅行家集团、所罗门美邦、OneMain金融及Primerica金融服务公司。花旗银行在2021年一级资本达1600亿美元，是全球盈利最高、财政最稳健的公司之一。雄厚的资本促使集团能运筹帷幄，顺利过渡逆境并于不同的经济环境中大展宏图。在英国《银行家》杂志的全球1000家大银行排名中，花旗银行在2018至2021年间一直位于第8位。

花旗在中国的历史始于1902年，彼时花旗于上海开设分行，是首家在中国升起红、白、蓝三色星条旗的美国银行。2005年，花旗集团大厦在浦东陆家嘴滨江竣工。站在外滩，一眼能从浦东群楼中认出这幢带有“CITI”标记的大楼。2007年花旗转制成为本地法人银行，至今已有14年历史。14年间，如同众多外资行一样，花旗的个人金融业务有过高光时刻，但是在巨大的竞争下无法永远在中国市场独占鳌头。

2020年，花旗中国有约6000名员工，16个办事处。花旗为中国客户在全球资本市场募集资金总额逾300亿美金，其中包括中国香港和纽约等市场。

但是受新冠疫情影响，花旗银行在亚洲的零售银行业务也开始下滑。2021年4月15日，花旗银行在发布季度报告中表示，计划退出在包括中国、印度、韩国、墨西哥等13个市场的零售银行业务，并表示将专注于这些地区的财富管理业务，即继续在这些市场向其机构客户部门的客户提供包括私人银行、现金管理以及投资银行等业务。

作为一家历经多年风雨飘零至今仍屹立不倒的国际性大银行，花旗银行的结局还不能过早下定论，或许花旗银行还能在未来开拓出新的可能性。

瑞士再保险公司：保险行业的隐性巨头

在金融界，瑞士再保险公司声名显赫。瑞士再保险公司于1863年成立于苏黎世，至2021年，有全球范围员工约13200人，在世界上30多个国家设有80家办事处，公司总资产达1826亿美元。

瑞士再保险公司是世界领先的再保险公司之一，亦是世界上最大的人寿与健康险再保险公司。公司成立至今一直经营再保险业务，并设有三个主要的业务部门：财产及意外险部；人寿与健康险部；金融服务部。其核心业务是为全球客户提供风险转移、风险融资及资产管理等金融服务。

目前瑞士再保险公司已发展为一家世界领先的具有雄厚财务实力和偿付能力的再保险集团企业，并被公认为是风险转移组合最多元化的全球再保险公司，跻身于世界四大再保险公司之列。瑞士再保险的人寿与健康险部是世界上最大的经营人寿与健康再保险的子公司，其保费收入约占集团总保费收入的30%。瑞士再保险集团的另一部分——瑞士再保险新市场部向顾客提供非传统的风险转移方式，如对巨灾和大规模的风险提供承保服务。

在一百多年的商业旅程中，瑞士再保险只遇到过两次危机。一次是20世纪初的1906年，旧金山大地震共造成500人死亡，2.5万间房屋被毁坏，导致瑞士再保险削减当年的红利；第二次，则是美国“9·11”事件引发的巨额保险赔付，更主要的是世界资本市场的整体大萧条，让瑞士再保险在2001年和2002年相继发生1.65亿瑞士法郎和9100万瑞士法郎的亏损，以至于不得不有史以来第二次削减当年的红利。但是也许正如一句中国的古话“祸兮福之所伏”所言，2002年以及2003年全球保险市场的高速反弹让瑞士再保险有惊无险，迅速恢复了元气。

截至2008年12月31日，瑞士再保险公司的股东权益资本估计为190亿～200亿瑞士法郎。2008年1月23日沃伦·巴菲特收购瑞士再保险公司3%的股权，并管理其财产及人身意外伤害保险部门的部分业务。依据协议，巴菲特掌控下的这一投资工具将在今后5年内承担其财产及人身意外伤害保险部门20%的保险责任。而到了2009年2月5日全球保险巨头瑞士再保险宣布，公司2008财政年度预计亏损10亿瑞士法郎，将从美国知名投资者巴菲特的伯克希尔公司获得30亿瑞士法郎（合26亿美元）的注资。

巴菲特的注资提高了瑞士再保险公司的资本充足率，这也将帮助他们继续赢得客户的信任。

2019年，在全球范围内爆发的新型冠状病毒肺炎是瑞士再保险公司遭遇的一次挑战。据瑞士再保险公司发布的2021年财报来看，2020年集团净亏损为8.78亿美元。排除年内与新冠疫情相关的理赔和准备金39亿美元（税前）后，净收益为22亿美元。

瑞士再保险集团首席执行官缪文乐表示：“尽管新冠疫情产生了前所未有的影响，自然灾害损失也异常频繁，但我们的资本状况在2020年仍非常强劲。瑞士再保险的业务在没有任何中断的情况下持续健康运行，这为我们带来了强劲的基础业务业绩表现。”瑞士再保险公司2020年成功应对了动荡的全球金融市场状况，并在年底实现了3.5%的投资回报率。这一结果得益于早期采取了果断行动管理投资组合，削减了涉及易受新冠疫情影响行业的资产风险敞口。

瑞士再保险公司自1913年起进入亚洲市场，目前在亚太区员工人数约1900人。在北京、上海、香港、吉隆坡、东京、首尔、悉尼、新加坡、孟买、班加尼尔等地设有多个办事机构。

自中国保险市场对外开放以来，瑞士再保险公司成为首批进入中国市场的外国再保险公司之一，先后于1995年和1996年分别在北京和上海设立了代表处，并于2003年9月27日正式成立北京分公司，在全国开展全面的产、寿险再保险业务。

从收购中起家的苏格兰皇家银行

苏格兰皇家银行集团成立于1727年，总部设在英国的爱丁堡，是英国最古老的商业银行之一。经过不断地发展和收购，到1969年，苏格兰皇家银行成为拥有700家分行、40%当地市场份额的英国苏格兰地区的最大银行。该银行在英国的法人、个人及海外银行业中排名第一，在零售银行业及私人汽车保险业中排名第二。苏格兰皇家银行集团在英国和爱尔兰拥有2000多家分行，服务于1500多万客户。

在2000年以前，苏格兰皇家银行还是一个总部设在英国北部城市爱丁堡的地区性银行，在世界银行排名中处于200名以后。但到2004年6月30日时，苏格兰皇家银行的资本市值已达到了490亿英镑，总资产增加到5190亿英镑，使该行成为拥有12.5万名员工、AA信用评级、英国和欧洲的第二大商业银行，世界上排名第五的大商业银行。从苏格兰皇家银行发展的历史可以看出，该行虽然是一个百年老店，但它的观念和思想并不保守，它不仅能够及时适应时代的变化，而且还能成为市场的领导者。1969年，苏格兰皇家银行通过兼并苏格兰商业银行，使自己成为苏格兰地区最大的商业银行；20世纪80年代，它先后创立了汽车保险公司、电话银行、网上银行，使苏格兰皇家银行成为英国最具活力的银行之一；20世纪90年代，它通过后台业务集中处理工程的实施，不仅降低了银行的经营成本，而且提高了该行的盈利能力和市场竞争力。

2000年2月，苏格兰皇家银行成功收购了比自己资本规模大3倍的国民西敏寺银行，通过这一次蛇吞象式的并购之举，苏格兰皇家银行完成了跨入世界著名商业银行的关键一步。该项收购涉及金额达210亿英镑，也创下了英国历史上银行业收购的最高金额纪录。我们从这次成功收购的案例中，可以看出苏格兰皇家银行的勇气、智慧以及创造性和执行力。

实际上，最早提出收购国民西敏寺银行的并不是苏格兰皇家银行，而是英国另外一家位于苏格兰的地区性银行——苏格兰银行。苏格兰银行与苏格兰皇家银行的共同特点就是资本规模较小，但经营管理非常好，费用收入率特别低。在1993年至1998年的5年间，苏格兰皇家银行的费用收入率由原来的56%下降至52%，苏格兰银行的费用收入率则一直保持在48%，而同期国民西敏寺银行的费用收入率则由66%上升至68%。因此，两家银行都认为，收购国民西敏寺银行将为自己银行的进一步发展拓宽空间。

起初，两家银行准备共同收购国民西敏寺银行，但由于在收购流程及收购成功后的管理等方面未达成一致意见，苏格兰皇家银行决定单独收购国民西敏寺银行。

苏格兰皇家银行做出这一大胆决定后，该行通过自上而下的收购总体益处分析、自下而上的分业务线盈利测试及管理人员能力分析，提出了一套发展战略清晰、操作细节可行的收购方案。由于收购方案准备得充分、详细、可行，苏格兰皇家银行不仅在收购国民西敏寺银行的竞标中一举获胜，而且在收购成功后，收购方案中的各项措施（如领导人员配备、职责分工、内部风险控制、报告制度、绩效评估等）迅速到位，并得到很好的贯彻执行。完成收购后的苏格兰皇家银行，实际成本降低额和收入增加额均远远超过了收购前的预期。

在这次成功的收购之后，苏格兰皇家银行加快了收购的步伐，开始在全球范围内搜索收购对象。

苏格兰皇家银行首先瞄准了美国市场。2000年到2007年，苏格兰皇家银行先后以11亿英镑收购丘吉尔保险集团，22亿美元收购梅隆金融集团的地区零售及商业银行业务，105亿美元收购美国渣打第一银行……7年间，苏格兰皇家银行共向市场投放高达240多亿美元的资金，这是一个惊人的数字。

2007年，苏格兰皇家银行又盯上了荷兰银行。荷兰银行也是一个庞然大物，其总市值约为520亿欧元，资产规模1.12万亿美元，员工数量超过10万。

当时，巴莱克银行也对荷兰银行虎视眈眈，还先苏格兰皇家银行一步发出正式收购要约：每股荷兰银行股票兑换3.225股巴克莱银行股票，对合并之后的新银行，荷兰银行占股48%，巴克莱银行占股52%。合并后，巴克莱银行将出售荷兰银行旗下的拉萨尔银行，以股票回购的方式返还现金约120亿美元。荷兰银行对此表示接受。

就在巴克莱银行对收购荷兰银行稳操胜券时，苏格兰皇家银行联合西班牙国家银行和比利时富通银行横空杀出，报价和现金比例远远大于巴克莱银行。最终，苏格兰皇家银行财团开出的高现金比例成了获胜的关键，巴莱克银行败退了。

这是一次辉煌的胜利，只是当时没人想得到，亢奋和狂欢褪去后，等待苏格兰皇家银行的是衰退和落寞。

超常规收购扩张消耗了大量资本，在2008年金融危机中，苏格兰皇家银行遭受重创，财报显示2008年全年亏损241亿英镑（约343亿美元），创出英国企业的最大亏损纪录。

接下来，苏格兰皇家银行不得不接受英国政府注资，大规模重组，收缩退出一些市场。到了2021年，苏格兰皇家银行在世界银行榜单上已降至一级资本排名第43、资产规模排名第36。

跨国收购是银行做大做强、实现规模与业务范围扩张的有效路径，但其中也隐含着巨大的风险，一定要把握好收购时机和扩张节奏。现在回头看，苏格兰皇家银行耗资巨大收购荷兰银行，堪称国际银行业收购史上最不合时宜的收购之一，对增长的过度追求，会在紧缩降临时带来巨大风险。前事不忘后事之师，苏格兰皇家银行的收购历程，也能给我国银行业的跨国收购带来了许多启发。

第七章

股灾与金融危机简史

掏空法国的密西西比股灾

1790年爆发的密西西比股灾是人类历史上的第一次股灾，提到这次事件，我们要先来认识一下它的始作俑者——约翰·劳。

1671年，约翰·劳出生于苏格兰首府爱丁堡的一个银行世家，他是家中长子。独特的家庭环境、从小的耳濡目染使得约翰·劳从小就颇具经济头脑。从几年后伦敦报纸上刊登的一条通缉令中我们可以大致了解约翰·劳的形象：身高约1.83米，皮肤黝黑，仪表堂堂，声音洪亮。1688年，约翰·劳的父亲去世，他随后离开家乡，带上父亲留给他的遗产来到向往已久的大都市伦敦。

在伦敦，约翰·劳将大把的时间和金钱花费在赌场和情场上。这样浪荡的日子持续了很久，直到1694年，他为了一名女子而与情敌威尔逊决斗，结果威尔逊当场毙命，当天他就被逮捕并被起诉。在无休止的诉讼过程中，约翰·劳找到机会成功越狱，并坐船逃往荷兰。

1704年，他一度溜回苏格兰，并于1705年在爱丁堡出版了一本小册子：《论货币和贸易——兼向国家供应货币的建议》。在这本书中，约翰·劳极力强调增加货币对于国家利益的重要性。在他看来，增加流通中的货币对国民经济有百利而无一害。

这本小册子没能打动英国人，却引起了法国人的重视。

当时法国的摄政王奥尔良公爵正为接近崩溃的国家财政状况焦头烂额，而约翰·劳的出现让他看到了一丝希望。于是，当约翰·劳在法国宫廷中出现时，他受到了最隆重的欢迎。他向法国摄政王提供了两份文件，在这两份文件中，他指出困扰法兰西并使之衰落的罪恶之源，认为正是由于通货不足才导致了法国货币屡屡贬值。他断言，没有纸币作为辅助和支持，单一的金属通货完全不能满足一个商业国家的需要。他还引用了大不列颠和荷兰的例子来证明纸币的优越性。他还用了许多很具说服性的论据来论证摄政王担忧的信用问题，并且提出了恢复法兰西信用的方法。当时的法国是如此之衰落，应当允许他开立一家银行，由这家银行来管理皇家每年的税收，并且在税收和不动产证券的基础上发行票据。他还进一步提出这家银行名义上应当直接由国王管理，但是要受到议会指定的专员们的控制。

这两份备忘录尚在考虑阶段之时，约翰·劳已将自己关于货币和贸易的论文翻译成了法文，并且使尽浑身解数，竭力宣传自己作为一位金融家的声誉，很快他就成为法国上下都在议论的焦点人物。

约翰·劳将30多年的学习和研究所得用来指导其对银行的经营管理。他设计的票据全是见票即付的，在发行的时候就可以与等额的金属货币兑换。这一招可谓神来之笔，立刻使这些票据身价倍增，价值甚至超过贵金属货币。

很快，法国国内贸易感受到了约翰·劳所带来的转变。日见衰弱的商业开始好转，税款的缴纳也更加有章可循，百姓对纳税的抱怨与不满也大大减少了。在一定程度上，法国人树立起了信心，相信这个金融体系不会崩溃，如果继续沿着这条道路走下去，只会更加有益。仅仅一年时间，约翰·劳设计的票据就升值了15%。

初战告捷，这让约翰·劳和法国摄政王都兴奋不已，接着约翰·劳就开始着手策划那个臭名昭著的计划——密西西比计划。他向摄政王提出建议，成立一家拥有与伟大的密西西比河西岸的路易斯安那州、东印度和南美进行贸易的独占性特许权的公司。在人们眼中，印度那个遥远的国度盛产贵重金属，富庶至极，如果建立一家拥有排他性特权的公司，凭借其独有的商业机遇所带来的丰厚利润，必将使该公司成为唯一的税收包税人和唯一的金钱铸造者。

于是，1717年8月，约翰·劳获得了密西西比河广阔流域的贸易特许权及加拿大的皮货贸易垄断权，新成立的密西西比公司开始以每股500里弗尔的价格发行股票。

在业务出现巨大的增长之后，密西西比公司认为将自己的名称更改为印度公司更为合适，并且增发5万股新股以扩充资本。现在，约翰·劳指给大众的前景再辉煌不过了，他承诺对价值500里弗尔的每股股票每年派发200里弗尔的红利，再加上股票本来就可以用公债来购买，所以一只票面价值500里弗尔的股票仅需100里弗尔就可以买到。这一利好消息一经发布，立即让整个法国陷入了投机狂潮，至少有30万人前来申请购买这5万份新股。

每天从早到晚，申请购买股票的人挤破了头，将约翰·劳的家围得水泄不通。连那些高贵的爵士及夫人们也顾不得身份，天天蹲守在约翰·劳家门口。后来，贵族们干脆就近租房驻扎下来，大街两边的房子的年租金从1000里弗尔一下子涨到了10000多里弗尔。约翰·劳迫于情势搬了家，但是新家也立即被疯狂的人群包围了。最后，约翰·劳只好以极高的价格买下了加里格南亲王的大庄园当作交易所，亲王自己留下了庄园的后花园，随后又通过在花园里出租帐篷狠赚了一笔。

公众如此疯狂，约翰·劳的股票价格当然也随之暴涨。1719年9月12日，印度公司增发10万股股票，每股价值5000里弗尔。结果，股票一上市就被抢购一空。9月28日，印度公司不得不再次增发每股价值5000里弗尔的股票10万股。就这样，股票价格不断攀升，仅半年时间，就从500里弗尔炒作到18000里弗尔。

股价一天之内上涨两三成是常有的事。人们早上出门口袋里还空空如也，晚上回来就变成了腰缠万贯的富翁。与此同时，各种离奇夸张的小道消息不胫而走，让人分不清真假。有人说，约翰·劳家所在大街的一个鞋匠把摊位租了出去，同时向前来买股票的人提供纸笔，每天能赚200里弗尔；有两个德高望重的饱学之士，刚刚互相恭维对方头脑清醒没有卷入这场投机狂潮，不料隔天就在股票购买现场相见了。

疯狂总有尽头，因为股票价格的上涨不可能是无限制的。当差不多所有人都拥有了约翰·劳的股票，再也没有新的傻瓜加入进来的时候，股票价格就开始暴跌了。

孔蒂亲王最早向约翰·劳提出以纸币兑换铸币，这种做法为别人树立了榜样。更加精明的股票投资人意识到股票价格不可能永远上涨。

清醒过来的人越来越多。拥有大量交易资金的伯尔登和拉·理查蒂尔神不知鬼不觉地将他们的纸币分成许多份兑换成铸币，每次兑换的金额较少，并且将铸币悄悄送到了国外，他们还尽可能多地购买便于携带运输的贵金属和贵重珠宝，并且将它们秘密地运往英国或荷兰。

一位投资商沃马立特察觉到风暴即将来临，小心翼翼地弄到总额近100万里弗尔的金币和银币，将这些铸币装上了一辆双轮车，还在上面盖上了厚厚的干草和牛粪，然后，他乔装打扮，穿上一身又脏又破的大罩衫，带着自己的宝物安全地溜到了比利时。很快，他又设法将自己的宝贝从比利时运到了阿姆斯特丹。

虽然政府千方百计地进行控制，贵金属仍然源源不断地被运往英国和荷兰，留在国内为数不多的铸币都被小心翼翼地保存或窖藏起来，直至贸易已不能继续顺利地进行。

在此危急关头，约翰·劳铤而走险，进行了一次大胆的尝试，他怂恿摄政王下令，禁止使用一切铸币。1720年2月又颁布了一项法令，这一著名的法令严禁任何人拥有超过500里弗尔的铸币，违者不仅处以高额罚款，政府还会将所发现的全部铸币没收充公。除此以外，该法令还严禁人们购买珠宝、贵金属和珍稀的宝石，鼓励告密者检举揭发违反这一法令的人，并且保证以他们告发后所发现的总金额的一半作为奖励。这项法令本意是使人们重振对纸币的信心，结果却事与愿违，这种愚蠢做法无可挽回地破坏了纸币的信用，将整个国家推到了崩溃的边缘。

这样的暴政让举国上下发出悲痛绝望的哀叫，而随着股民信心的下跌，密西西比股价开始暴跌。

为了维持股价，约翰·劳动用自己所掌握的权力将股价强行固定在9000里弗尔上达两月之久。之后，又于1720年3月25日、4月5日、5月1日分别发行了3亿、3.9亿、4.38亿里弗尔纸币，以致在一个多月的时间内货币流通量就增加了一倍多。到了1720年5月，约翰·劳实在无力继续支撑。他发布了股票贬值令，计划分7个阶段将股票的价格从9000里弗尔降到5000里弗尔，同时也降低了纸币的面值。

约翰·劳和他一手创立的印度公司制造经济奇迹的神话就这样突然破灭了。民众顿时陷入一片恐慌，为了保住自己的资产，他们开始争先抛售股票。1720年9月，股价跌到2000里弗尔；12月2日，跌到1000里弗尔；1721年9月，跌到500里弗尔。

而此时的约翰·劳还在试图恢复民众的信心，但是，他的声音很快就被在股票崩盘中倾家荡产的法国人民淹没了。人们认定约翰·劳是头号骗子，1720年，犹如过街老鼠的约翰·劳不得不在一片咒骂声中连夜出走比利时。一场历史上首次由政府组织并发动的“牛市”至此仓皇落幕。

那么约翰·劳最后的结局如何呢？

事实上，即使在公众对密西西比股票的痴狂达到顶峰之时，他也没有想过为自己造福谋利，约翰·劳一直坚信他的计划最终将成功地使法兰西成为欧洲最富有、最强盛的国家，他将自己的全部收入都投资于购买法国的地产，这一点也有力地证明了他对自己计划的可靠性所具有的信心。他没有囤积任何的金银餐具或是珠宝，也不像那些不诚实的投机商一样将金钱偷偷运往国外。除了一颗价值五六千英镑的钻石以外，他所有的钱都投资在法兰西大地上，当他离开那个国家的时候，他几乎已经沦为乞丐。约翰·劳在1729年于威尼斯去世，死时的境况异常窘迫狼狈，他的墓志铭上写着：

一个大名鼎鼎的苏格兰人长眠于此，
他的算计能力举世无双，
这个人按照代数的规则，
把法国送进了医院。

破碎的英国南海泡沫

南海泡沫事件发生在1720年，是世界证券市场首例因过度投机引起的经济事件。“泡沫经济”或“气泡经济”一词正是源于南海泡沫事件。

1711年，英国政府为了向南美洲进行贸易扩张，而专门成立了一家公司——南海公司，公司因拥有1170万英镑的英国国家债务而成为英国国债最大的债权人。然而，该公司成立之后的8年间，除了无休止地向南美洲贩运黑奴之外，几乎没干过一件能够赢利的事情。

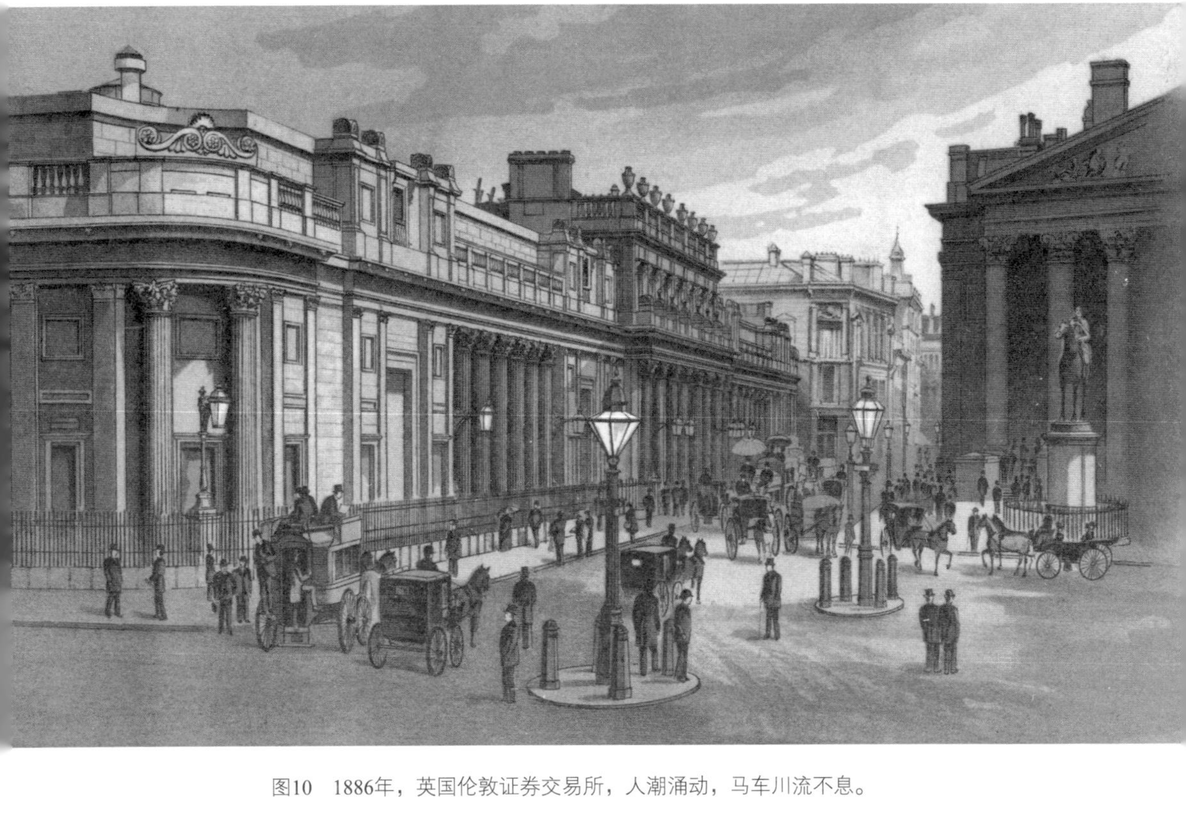

图10　1886年，英国伦敦证券交易所，人潮涌动，马车川流不息。

到了1718年，英国的国家债务总额已经累积到了3100万英镑。1720年1月22日，南海公司向英国政府提出利用发行股票的方法来减缓国债的压力。为了迅速筹集还债资金，不堪重负的英国政府在两个月后最终批准了这个议案。在这段时间里，南海公司的董事们发动了一切关系——尤其是董事会主席、大名鼎鼎的约翰·布朗爵士，无所不用其极地宣传造势，比如，南海公司在拉丁美洲那边发现了金矿、银矿、香料；英国和西班牙再次签订了合约，南海公司将被授权与西班牙所有的殖民地进行自由贸易；英国盛产的棉花和羊毛制品，将会吸引墨西哥人以他们全部的金矿来购买，南海公司将因此变成世界上首屈一指的大公司，而加入南海公司进行海外贸易的人，都将因此变成全世界最有钱的大富豪；在南海股票上每投资100英镑，年末股东将获得超百倍的红利……

很快人们开始相信这些谎言，南海公司海市蜃楼般的利润前景唤起了英国人异乎寻常的狂热，南海公司的股价一下子暴涨，全民都投入南海热中。

当时，英国社会上流行一首非常诙谐的民谣，名字就叫作《南海泡沫之歌》，从中我们不难看到当时的群众狂热：

星星在混乱的人群头顶闪耀，
袜带在乡村莽汉身上缠绕。
人们要不买卖，要不围观瞧热闹，
连新教徒也在和犹太人不断争吵。
高贵的夫人们从四面八方驾车赶到，
好一通奔忙不辞辛劳，
为了股票不惜赌博冒险，

就算押上珠宝也毫无怨言。

就这样，英国社会的各个阶层都被卷入了这个巨大的漩涡中，男人们在酒馆和咖啡馆里穿梭往来会见经纪人，女士们也聚在衣帽店和杂货铺里对股票走势发表高论。虽然大家并不见得是真心认同那些五花八门、花里胡哨的项目计划，却都抱有相同的目的，那就是通过股票经纪人的投机炒作促使股价上涨，然后从中赚得丰厚的差价。南海公司又在背后开始了煽风点火的勾当。一张张股票申购单被填得满满当当，一车车股票被送到交易所，一波波的成交风潮此起彼伏。股票市值也被哄抬得越来越高。

据记载，从1720年3月到9月，在短短的半年时间里，南海公司的股票价格一举从每股330英镑涨到了1050英镑。有榜样就有效仿者，当人们看到南海这种泡沫吹起来后十分赚钱，民间就纷纷组织这类泡沫公司。这些民间公司极大损害了南海公司的利益，为了与民间企业争夺有限的社会资源，他们开始拼命游说国会，利用与政府之间的特殊关系去说服议会，并用贿赂手段买通议员。

最终，议会在1720年6月通过了《反金融诈骗和投机法》，禁止民间组织公司。《反金融诈骗和投机法》被民间俗称为“泡沫法”，也就是说“泡沫法”认定了民间股票是泡沫。我们不妨来看一下当时高等法院法官们裁定解散的民间泡沫公司名单：

1.瑞典铁矿进口公司。

2.伦敦海运煤炭供应公司，资本金300万英镑。

3.英格兰联合房屋建筑和重建公司，资本金300万英镑。

4.细棉布制造公司。

5.英国铝业公司。

6.布兰科和圣塔塔加哥斯岛定居点开发公司。

7.迪尔城淡水供应公司。

8.弗兰德斯花边饰带进口公司。

9.英格兰土地改良公司，资本金400万英镑。

10.发展英格兰养马业、改良牧师和教堂土地以及修缮和重建教区长和牧师房屋公司。

11.大不列颠钢铁制造公司。

12.弗林特郡土地改良公司，资本金100万英镑。

13.购买和开发、建设土地的公司，资本金200万英镑。

14.皮毛类商品贸易公司。

15.霍利岛制盐公司，资本金200万英镑。

16.房地产买卖及住房抵押贷款公司。

17.有着绝对优势，能带来巨大回报，但是无人知晓那是什么的公司。

18.伦敦街道铺设公司，资本金200万英镑。

19.英国联合殡葬服务公司。

20.有息贷款买卖不动产的公司，资本金500万英镑。

21.大不列颠皇家渔业公司，资本金1000万英镑。

22.海员薪金福利保险公司。

23.勤勉人士创业贷款公司，资本金200万英镑。

24.购买和改良可出租土地公司，资本金400万英镑。

25.从英国北部和美洲进口沥青和海军后勤装备的公司。

26.布料、毛毡和波形瓦贸易公司。

27.购买和改良埃塞克斯郡庄园采邑和征收矿区使用费的公司。

28.马匹保险公司，资本金200万英镑。

29.出口羊毛制品、进口铜、黄铜和铁的贸易公司，资本金400万英镑。

30.药品经营公司，资本金300万英镑。

31.铅矿公司，资本金200万英镑。

32.肥皂制造工艺改进公司。

33.在桑塔-克鲁兹岛上建造居民定居点的公司。

34.德比郡铅矿勘察、开采公司。

35.玻璃瓶和其他玻璃制品制造公司。

36.永动轮制造公司，资本金1130万英镑。

37.花园改建公司。

38.为保障儿童财产和增加其福利而建立的公司。

39.为在海关装载货物，并为商人进行商务谈判提供方便的公司。

40.北英格兰羊毛制造业公司。

41.弗吉尼亚胡桃树进口公司，资本金200万英镑。

42.曼彻斯特棉花和绳索制造公司。

43.加帕和卡斯泰尔肥皂制造公司。

44.大不列颠王国熟铁和炼钢业品质优化公司，资本金400万英镑。

45.蕾丝饰物、麻纱、荷兰棉麻布、细麻布等货物交易公司，资本金200万英镑。

46.大不列颠王国特殊商品贸易公司，资本金300万英镑。

47.伦敦市场牛肉制品公司。

48.眼镜、马车镜制造公司，资本金200万英镑。

49.康沃尔郡和德比郡锡矿和铅矿公司。

50.菜籽油制造公司。

51.海狸皮进口公司，资本金200万英镑。

52.纸板和包装纸制造公司。

53.毛纺织制造用油和其他原材料进口公司。

54.改善和扩大丝制品加工业的公司。

55.以储蓄、年金和票据为基础提供贷款的公司。

56.以小额折扣支付寡妇和其他人士年金的公司，资本金200万英镑。

57.麦芽酒制造和改良公司，资本金400万英镑。

58.美洲渔场建设公司。

59.购买和改良林肯郡沼泽地的公司，资本金200万英镑。

60.大不列颠纸制品改造公司。

61.伯特莫里公司。

62.麦芽干燥公司。

63.奥罗诺克河贸易公司。

64.科尔切斯特和大不列颠其他地方的厚毛呢制造公司。

65.为购买航运物资、提供食品、支付工人工资而设立的公司。

66.雇佣熟练技工为商人和其他人装饰钟表的公司。

67.改良耕地和耕牛品种的公司。

68.改良马匹品种的公司。

69.另一家马匹保险公司。

70.大不列颠玉米贸易公司。

71.为防范仆人过失的男女雇主保险公司，资本金300万英镑。

72.为收容和养育私生子而建造福利设施的公司，资本金200万英镑。

73.在不使用火或不产生营养损失的情况下漂白粗糖的公司。

74.大不列颠收费公路和码头建设公司。

75.因抢劫或偷盗受损客户保险的公司。

76.从铅矿中提炼白银的公司。

77.瓷器和彩陶制造公司，资本金100万英镑。

78.进口烟草，再向瑞典和北欧出口的公司，资本金400万英镑。

79.利用坑煤冶铁的公司。

80.为伦敦城和威斯敏斯特城提供干草和稻草的公司，资本金300万英镑。

81.在爱尔兰开设帆布和包装布制造厂的公司。

82.碎石道砟制造公司。

83.购买和装备镇压海盗的船只的公司。

84.威尔士木材进口公司，资本金200万英镑。

85.岩盐开采公司。

86.把水银变成可锻精制金属的公司。

解散民间泡沫公司的同时，也是在助长南海泡沫的形成。不用说，“泡沫法”的颁布进一步推高了南海公司的股价。

当人们争先恐后地购买股票时，当时的政府成员——可以被称为最早的内幕交易者——在股价越涨越高时，包括财政部部长在内的许多官员卖掉了所持的股票。内幕人士与政府官员的大举抛售，引发了南海泡沫的破灭。1720年，南海公司的股价从8月31日的775英镑一路下跌，到10月1日，跌到只剩下290英镑。

关于南海泡沫酿成的灾难后果，查尔斯·麦基曾在其著作《大癫狂：非同寻常的群众幻想与癫狂》中写道：

数不清的英国家庭都被南海大投机害得倾家荡产，一贫如洗；曾经挥金如土的富商巨贾沦为蜷缩在街角的乞丐；而那些身份贵重、身处万人之上的权贵重臣则流亡四方；在英格兰的每一个角落里，都能听到悔恨不堪的自责声与咒骂声……这样一幅悲惨的图景出现在面前，你能不愤怒吗？

人群完全没有了理智，他们被裹挟着狂热地追求那金光闪闪的幻象，什么理智、什么判断全部忘得一干二净，如同传说中被精怪迷得魂灵出窍的雌鹿。最终，他们被引诱到致命的沼泽中去，眼看就要遭受灭顶之灾却还在一力强辩，说这一切不过是一场噩梦。

在这次泡沫中遭受损失的投资人甚至还包括大名鼎鼎的科学家牛顿，牛顿在南海泡沫中的损失超过了2万英镑。事后，他不无伤感地写道：“我可以准确地计算出天体的运动规律，却无法计算出股票市场的变化趋势。”

比牛顿损失更大的则是英国的经济，南海泡沫的破灭使神圣的政府信用也随之破灭了，英国没人再敢问津股票。从那以后，柴思胡同这条著名的交易街清静了一百年，此间，英国没有发行过一只股票。

被捏碎的非理性投机泡沫

郁金香是一种原产自土耳其的美丽花卉，当郁金香被引入荷兰后，一些机敏的投机商就开始大量囤积郁金香球茎以待价格上涨。不久，在舆论的鼓吹之下，人们对郁金香表现出一种病态的向往与热忱，并开始竞相抢购郁金香球茎。1634年，炒买郁金香的热潮蔓延为荷兰的全民运动。当时价值1000美元的郁金香花根，不到一个月就升值到2万美元。1636年，一株稀有品种的郁金香竟然达到了与一辆马车、几匹马等值的地步。所有人都被暴利冲昏了头脑。他们变卖家产，只是为了购买一株郁金香。就在这一年，为了方便郁金香交易，人们干脆在阿姆斯特丹的证券交易所内开设了固定的交易市场。正如当时一名历史学家所描述的："所有人都相信，郁金香热将永远持续下去，世界各地的有钱人都会向荷兰发出订单，无论什么样的价格都会有人付账。在拥有郁金香的荷兰，贫困将会一去不复返。无论是贵族、市民、农民，还是工匠、船夫、随从、伙计，甚至连扫烟囱的工人和旧衣服店里的老妇都加入了郁金香的投机。无论处在哪个阶层，人们都将财产变换成现金，投资于这种花卉。"1637年，郁金香的价格已经涨到了骇人听闻的水平。与上一年相比，郁金香总涨幅高达5900％！1637年2月，一株名为"永远的奥古斯都"的郁金香售价高达6700荷兰盾。这笔钱足以买下阿姆斯特丹运河边的一幢豪宅，而当时荷兰人的平均年收入只有150荷兰盾。

就当人们沉浸在郁金香狂热中时，一场大崩溃已经近在眼前。由于卖方突然大量抛售，公众开始陷入恐慌，导致郁金香市场在1637年2月4日突然崩溃。一夜之间，郁金香球茎的价格一泻千里。虽然荷兰政府发出紧急声明，认为郁金香球茎价格无理由下跌，劝告市民停止抛售，并试图以合同价格的10％来了结所有的合同，但这些努力毫无用处。一个星期后，郁金香的价格已平均下跌了90％，而那些普通品种的郁金香价格甚至不如一颗洋葱高。绝望之中，人们纷纷涌向法院，希望能够借助法律的力量挽回损失。在1637年4月，荷兰政府决定终止所有合同，禁止投机式的郁金香交易，从而彻底击破了这次历史上空前的经济泡沫。

我们常听到经济泡沫这个说法，那么经济泡沫是怎样定义的呢？它与经济危机又有怎样的联系呢？

最常用于经济研究中的泡沫的定义是，无法解释的那部分资产价格运动，它建立在我们称之为基本面的基础之上。基本面是各种变量的集合体，我们认为这些变量应该驱动资产价格的变化。在一种特殊的资产价格定义的模型中，如果我们对资产价格的预测产生了严重的偏差，那么，我们可能就会说存在着某种“泡沫”。

“泡沫”位于金融学、经济学和心理学的结合处。对大规模的资产价格运动的最新解释倾向于将心理学排在第一位，而早期产生的“泡沫”大多是由基本面因素驱动的，它们源自金融学与经济学这些更基本的因素的结合处，心理学因素不过是其背景而已。比如荷兰郁金香狂热、密西西比泡沫和南海泡沫，它们均被看作是私人资本市场疯狂的范例。

金融行为学家发现，有这样几种心理学效应在“泡沫时期”最容易发生：一、“锚定效应”。大多数泡沫具有的典型特征是，在最后一个阶段到来前，价格和增值效应通常都会延续相当长时间，这使得投资者改变了预期，认为高价格是合理的。二、“羊群效应”。即便很多精明的专业投资人，也总是试图“与泡沫一起膨胀”，而不是努力避开泡沫。在价格上涨过程中，他们通常认为随大溜比采取与众不同的方法更安全，循规蹈矩比特立独行犯错误的可能性更小。三、认知失调。人们总是倾向选择那些“可以坚定我们选择”的观点，比如，市场在疯狂时期的特征之一是，人们对定价过高的预警总是不感兴趣，甚至很愤怒。四、灾难忽略与灾难放大。对于发生概率较小的负面事件，投资者总是侥幸地认为“很难发生在我身上”，而灾难一旦发生，又总是担心“祸不单行，更大的灾祸在后面”。

在经济过热与市场恐慌中，货币因素十分重要。芝加哥经济学派认为，政府总是愚蠢的，而市场总是聪明的，只有当货币供应量稳定在固定水平或以固定增长率增加时，才能避免经济过热和市场恐慌。然而，现实的悖论是，银行家只把钱借给不想借钱的人。当发生经济崩溃时，银行体系必然受到冲击，除了货币数量的变动外，将导致银行对信贷进行配额控制，这势必造成某些资本运行环节当中的信用骤停和流动性衰竭。

尽管如此，著名货币学派理论家欧文·斯通坚决反对在危机时扩大货币供给，而赫伯特·斯潘塞的表述更为尖锐：“保护人类免尝愚蠢行为的苦果，其结果只会让全世界都变得愚蠢。”

美国的泡沫经济

18世纪末，22岁的时候就被选为下院议员的亨利·桑顿注意到，无论哪个时期，在过了几年相对繁荣的好日子之后，经历一场恐慌似乎都是不可避免的。回顾他所处的那个世纪的历史，他看到英格兰经历了以下年份的经济危机：1702年、1705年、1711至1712年、1715至1716

年、1718至1721年、1726至1727年、1729年、1734年、1739至1741年、1744至1745年、1747年、1752至1755年、1762年、1765至1769年、1773至1774年、1778至1781年、1784年和1788至1791年。在这18次经济危机中，每一次都是经济自我复苏，而且多数时候经济在复苏后都会上升到更高水平的稳定状态。但是，每一次复苏都只有几年时间，随后又会发生新的危机，并再次摧毁经济。

亨利·桑顿发现的就是我们现在说的经济周期。经济危机是经济周期的低谷阶段，经济繁荣是经济周期的高峰阶段（详见第四章）。

说到经济周期，表现最典型的就是美国。1783年美国建国后，分别于1825年、1837年、1847年、1857年、1866年、1873年、1882年、1890年、1900年、1907年、1920至1921年、1929至1933年、1937至1938年、1948至1949年、1957至1958年、1969至1970年、1974至1975年、1980至1982年、1990至1991年、2007至2012年多次发生过经济危机。

下面，我们主要说一下1857年美国经济危机。

1857年经济危机在资本主义历史上是第一次具有世界性特点的普遍生产过剩危机。这次危机也是第一次在美国而非在英国开始的危机。由于英国对美国铁路建设进行了大量的投资，所以美国铁路投机的破产对英国也造成了很大的震动。1847年经济危机结束后，从1850年开始的周期性高涨的最重要的特点是世界贸易急剧扩大，19世纪50年代世界贸易的年平均增长额比前20年提高了2倍。机器工业的发展，运输业的革命，新兴国家和新兴部门卷入国际商品流通，以及加利福尼亚和澳大利亚金矿的发现都促进了世界市场的迅速扩大。

1848年至1858年，美国建成的铁路约达33000公里，超过了其他国家所建铁路的总和。一个参照数据是，英国在19世纪40年代的建设热潮中，所铺设的铁路只有8000公里。美国铁路事业的蓬勃发展，按道理应会带动其冶金业的大发展，然而实际情况却不是这样。而且，这一时期，美国生铁产量长期停滞不前，棉纺织业的增长速度也不快。与此同时，铁轨、生铁、机车、棉布和其他英国制成品的进口却增长得十分迅速，英国产品充斥美国市场阻碍了美国冶金业和棉纺织业等当时的重要工业部门的发展。

随着危机的爆发，美国的银行、金融公司和工业企业大量倒闭。仅1857年就有近5000家企业破产。粮食生产过剩，粮价和粮食出口下降，加上英国工业品的激烈竞争，促使了美国经济危机的加深。反过来，英国的经济发展也受到美国危机的打击。由英国投资的美国银行、铁路、商业公司纷纷破产，也使英国的投资者持有的有价证券急剧贬值。

1857年秋季，美国还爆发了货币危机，整个银行系统瘫痪了，美国的货币危机在10月中旬达到了顶点，当时纽约63家银行中有62家停止了支付，贴现率竟然超过了60%，股票市场行市则下跌了20%～50%，许多铁路公司的股票跌幅达到80%以上。美国的经济危机迅速蔓延到英国和欧洲大陆，引发了一阵接一阵的破产浪潮。

1857年经济危机波及面很广，之后，爆发了美国的“南北战争”。其后，奴隶制的消灭、宅地法的实施、重工业的发展为美国资本主义的加速发展创造了十分有利的条件。

1864年2月25日，联邦国会通过了《国民银行体系法》，使美国历史上第一次出现了统一的通货，初步建立了一体化的金融体制，改善了之前由于各地滥设私立和州立银行而导致通货混乱、储蓄缺乏保障、信用不良、资金不稳的状况。

1869年以后，美国银行的资本积累率高达45%～60%，吸收外国资本也从1869年的15亿美元增加到1897年的34亿美元，有力缓解了美国经济高速发展所带来的资金紧缺。从那之后，美国经济也进入了一段相对平稳的经济增长期，在这段平稳期内美国的工业生产总值逐渐超过了英国，美国也取代英国成为世界第一经济强国。

透过历次经济危机，我们不难发现，不管在“非理性繁荣”的包装下美国经济看起来有多么光鲜，但实际上美国经济模式的本质还是“从泡沫中来到泡沫中去”。

1929年大崩盘：十年萧条的序幕

1929年10月29日，星期二，对于美国的经济以及股民来说最黑暗的一天。上午10点，纽约证券交易所刚一开市，猛烈的抛单就席卷而来，“抛！抛！抛！”所有股票成了烫手的山芋，不计价格、不计成本，只要抛掉就好。经纪人被“抛”得发晕，交易大厅一片混乱，随之而来的就是道琼斯指数一泻千里，股指从最高点386点跌至298点，跌幅达22%。这是纽约交易所112年历史上最糟糕的一天，以这个被称作“黑色星期二”的日子为发端，美国乃至全球进入了长达10年的经济大萧条时期。

这一天，股市彻底崩溃。当天美国钢铁公司的65万股股票以每股179美元出售，却找不到一个买主，于是其股价开始下跌。就像传染病一样，一个又一个公司的股票都开始下跌，大崩盘终于来临。股票成为废纸，数字全无意义，一个煤炭公司的老板看着正在下跌的指示板，倒地死在了他经纪人的办公室里。无数昔日的百万富翁一觉醒来便一贫如洗。一些开船出海游玩的富人们回来后发现，他们已变成了身无分文的贫民。当时跳楼的绝不仅仅是股价。

1929年的美国股市大崩盘带来了一场持续10年之久的经济衰退，并扩散到了所有工业化国家。股市崩盘仅仅是萧条的序幕，却给当时的投资者留下了最深刻的烙印。

那么，这次股市崩盘是怎样引起的呢？

无论股票、房地产还是艺术品的价格都有一个循环往复的过程：当乐观情绪及其市场效应成为常规，价格会涨得很高，然后又会因为种种原因跌到谷底。价格的下跌总比上涨更加迅猛。

20世纪20年代对美国来说是值得回味的美好岁月，但是没有人能预见到暴风骤雨的悄悄逼近——

人人都认为形势一片大好，盲目乐观，包括时任美国总统；房地产市场的过度投机导致房地产市场的炙手可热与虚假繁荣；美联储的放松银根导致大量资金流入股市，从而推动股票价格的上涨；大人物们对股市的推波助澜；胡佛总统的当选进一步使股市大热；保证金交易制度使越来越多的资金流向华尔街。

在股市上涨的繁荣景象中，人们整天都将股票经纪人的办公室挤得满满的。大家宁可留在屋里注意股价的变动，也不去关心都发生了什么。

那么，当时有没有人预感到这场风暴的来临呢？答案是有。

普尔出版社出版的《商业投资周刊》在1928年秋天就曾提及“股票大骗局”，而《商业金融时报》也一改往日作风，开始大幅报道坏消息。《纽约时报》也刊登股价已涨得太高、股市必会崩盘的报道，并多次宣布股市其实已经崩盘。美国股市分别在1928年6月、12月及1929年2月休市过几次。但不幸的是，对股市走势存疑的投资人仍无法从中嗅出任何崩盘的蛛丝马迹，因为股价仍持续走高。

此外在1929年，美国的经济已经开始走入困境，工业生产、货物运输和房舍建筑的效益均逐渐下降。但是，这种萧条的情况并不算太严重，若在股市崩盘前说经济会有所好转，这倒是合理的假定。经济学家加尔布雷斯就指出，股市崩盘时，大家都未预测到经济大萧条即将来临。

图11　大萧条期间，加利福尼亚州萨克拉门托附近，失业的田纳西州煤矿工人的女儿正悲伤地在加利福尼亚移民工人营地休息，拍摄于1936年。

1929年9月20日，大家发现英国企业家哈崔原来就是一个超级大骗子，他伪造股票、发行未经授权的股票。有些人认为这项丑闻危及了投资大众对纽约股市的信心，同时也是股票大崩盘的导火线。另一解释则是，公用实业麻州分部在10月初驳回了波士顿艾迪生公司股票分割的申请，并对外宣称股价已飙得太高，引发了投资大众的恐慌。

但是这种种迹象都未能充分解释股市大崩盘的起因。事实上股市大崩盘如何开始并不重要，因为任何事情都有可能让投资荣景破灭，这正是投资荣景的本质。

尽管股市“回档”，但在9月和10月间，并未出现任何崩盘的明显迹象。在9月间，经纪人融资给顾客的金额暴增了6.7亿美元，创下单月增加金额的新高。同年10月15日，费雪教授发表著名演说，指出“股市已上涨到相当平稳的状态，我预期股市在几个月内，还会创下新高、成交量会比现在更好。”

10月21日，星期一股市交易量略微超过600万美元，是历年来美国股市单日成交量的第三高。连续几天的庞大成交量后，股市行情板无法显示即时的价位，在中午时仅能报出1个小时前的股价，到当天收盘前，时间差已拉大到仅能报出1小时40分钟前的股价。在股价大涨的多头市场，这种时间差倒还不打紧，但在股价开始下跌时可就不一样了。这种无法显示即时行情的情况，不但让投资人更为紧张，也促使投资人加速抛售股票。

最终，灾难还是到来了，纸上富贵尽付东流。

现在我们回过头再去看看，导致1929年股市崩盘的原因是什么呢？

（1）金本位制放松了银根，刺激了投机。

从股市的角度看，1927年是具有历史意义的一年。长期以来有一种观点认为，股市就是在这一年播下了末日性灾难的种子。责任在于一次慷慨但又愚蠢的国际主义行动——英国恢复实行以前或者说第一次世界大战以前维系黄金、美元和英镑之间关系的金本位制。接着，黄金便从英国和欧洲源源不断地流入美国。政府大量买进发行在外的证券，其必然的结果就是使抛售政府证券的银行和个人持有了备用现金。因联邦储备系统放松银根而变得可利用的资金不是投资于普通股，就是帮助别人融资购买普通股（这点更加重要），这样，人们就有了大把资金，并将之匆匆投入股市。

关于联邦储备当局在1927年采取的行动是随后投机与股市崩盘的罪魁祸首的观点从来也没有被真正动摇过。这种观点能吸引住投资者的原因就在于它简单易懂，并且为美国人民和美国经济开脱了一切重大罪责。但是，这种解释显然是假设，只要能够筹集到资金，人们总会进行投机。这种解释仅仅证明了人们在经济问题上重新偏信那些不可思议的胡话。

（2）投资信托放大了投机热。

20世纪20年代末，最著名的投机品种就是投资信托或投资公司股票，它们的发行方案更能满足公众对普通股的需求。投资信托不是创办新的企业或扩大已有企业，而是一种旨在通过成立新公司来让股民持有已有公司股票的安排。

在投资信托中，杠杆是这样发挥作用的：通过发行债券、优先股和普通股来购买品种不同的普通股组合，当采用这种方法购进的普通股价格上涨（总是这样假设股价走势）时，信托中债券和优先股的价格基本不变。因为债券和优先股的价格是固定的，派生于一个特别规定的回报率。投资信托所持有的证券组合因增值而产生的利润，全部或大部分分配给投资信托的普通股。结果，投资信托普通股的价格上涨，引发了投机热。

席卷全球股市的“黑色星期一”

1987年10月19日，“黑色星期一”降临华尔街，美国爆发了历史上最大的一次崩盘事件。道琼斯指数一天之内重挫了508.32点，跌幅达22.6%，仅6个半小时，纽约股指就损失了5000亿美元，其暴跌幅度之大、速度之快震惊了整个金融世界，并迅速在世界股票市场引起了连锁反应，各国股市均受到严重冲击，人们再次陷入了较1929年股灾时有过之而无不及的惶恐之中。

第二次世界大战结束后，美国逐渐从1929年股灾的阴影中恢复过来，经济保持平稳增长，通货膨胀率和失业率都大大降低，投资者重新恢复了信心，证券市场再度活跃起来。到了20世纪50年代，股指大幅上升，1966年时达到了一个顶峰，道琼斯工业指数接近1000点。此后，受石油危机、水门事件等影响，虽也经历过下滑，但到了80年代初期，股价又开始继续回升。1982年10月21日，指数为1036点，突破了近10年前的最高点，11月3日达到1065点，创战后最高纪录，到1986年12月，已达到1896点，进入1987年后，股价涨势更加迅猛。

然而，在这段长达几十年的股市繁荣的背后，也埋下了重重阴影。首先是1973至1975年，以美元为中心的布雷顿森林货币体系瓦解，美国爆发了第二次世界大战之后最严重的一次经济危机，通货膨胀加剧，失业率大幅上升。而从第二次世界大战结束后就开始的美苏军备竞赛，也在极大程度上削弱了美国的经济实力。美国的贸易赤字和财政赤字都在以惊人的速度增长，1986年，美国负债已高达2500亿美元，成为世界第一大债务国。与此同时，巨额国际游资及私人资本源源不断地流向了美国市场，这些资金往往是以追求短期利润为目的而在股市上从事投机交易，因而促进了股价的持续攀升，造成了股市的虚假繁荣。

1986年9月，西方七国财长齐聚华盛顿，贝克财长敦促各国帮助美国削减贸易赤字，却无果而终。此时的华尔街股市已经出现了波动。1987年2月，七国财长再聚卢浮宫，就稳定不断下降的美元汇率问题达成“卢浮宫协议”。同年6月，美外贸月赤字创最高纪录，达157亿美元。此后，从8月25日开始，美国股市出现较大波动，呈现跌势。进入10月，跌幅更加明显。10月5日至9日，道琼斯工业平均指数下跌了158.78点，第二周又下跌了235.48点，其中仅10月16日一天就下跌100多点。

1987年10月18日早上，因在之前美国为稳定金融市场上调官方利率时，联邦德国也紧随其后一起上调美元利率。贝克财长在电视节目中发表讲话称：“如果联邦德国不降低利率以刺激经济扩展，美国将考虑让美元继续下跌。”此话一出，华尔街上空笼罩的阴云已浓重到了几乎滴水的程度。

1987年10月19日，星期一，上午9：30，纽约股票交易所开盘钟声敲响之后，市场马上陷入疯狂状态，道琼斯工业平均指数仅在开盘瞬间就跌去67个点。卖出指令像潮水般涌来，其数量之庞大几乎令纽约股票交易所计算机系统陷入瘫痪状态。交易所内200台微机从未处理过如此巨大数量的交易，以至于计算显示甚至落后于实际交易20分钟；中午，计算机系统中的指定指令转换系统慢了约75分钟，因容量不足，传送到系统中的3.96亿股的交易中竟有1.2亿股没有得到执行。

在数量惊人的抛盘打压下，荧屏上尽数翻起绿盘，道琼斯工业指数疯狂下跌。开盘不到1小时，道指已下跌104点，到上午11：00，道指仍在直线下跌。局势显然已经无法控制，当时有人提议关闭市场，止住下泄势头，但也仅是提议而已，无人敢站出来下这个决定。交易所主席约翰·费兰的一番话表明了管理层最终的态度："说老实话，全世界都把这个交易所看作美国经济的象征，你装也得装出个撑得住的样子。"

下午2：00，道琼斯工业指数已经下挫250点，有4亿多股股票易手，计算机比实际交易速度落后了100分钟。此时，距收盘还剩两个小时，人们在不停地呼喊、奔跑、打手语，华尔街一片混乱。下午2：05，道指上升350点，成功冲过2000点，但此次反弹仅维持了一瞬间。下午2：30左右，股价走势似乎有走好迹象，然而反弹受阻，此处出现了新一轮下降趋势。此时，距收盘仅剩1个多小时，然而在这令人感到窒息的短短1个多小时内，道琼斯指数再度下挫250点，有2亿股易手。

下午4：00，收盘钟声敲响。道琼斯指数下降了508.25点，由2246.72点狂跌到1738.47点，跌幅达22.6%，创下了一天下跌的最高纪录。5030亿美元——一笔相当于70年代末法国全年国内生产总值的股票面值就这样消失了。

在当天纽约股票交易所挂牌的1600种股票中，除52种股票外，其余全部下跌。其中1192种股票跌到52个星期以来的最低水平，就连蓝筹股也不例外。通用电气公司的股票下跌了33.1%，电报电话公司下跌了29.5%，可口可乐公司下跌36.5%，运通公司下跌38.8%，波音公司下跌29.9%……所有大公司的股票几乎都狂跌了30%左右。

"一切都失去了控制""这是美国证券史上最黑暗的一天"。这一天让无数的投资者损失惨重，富人们首当其冲，当时的世界首富萨姆·沃尔顿一天之内在股票上损失了21亿美元，比尔·盖茨损失了39.45亿美元，许多百万富翁一夜之间沦为贫民，而最悲惨的还是那些将毕生积蓄投入股市的普通股民，他们原本是想借牛市为自己多赚些养老钱，谁知一天之内就变得血本无归。因承受不住股市暴跌和不堪债务的重压，许多人精神彻底崩溃，自杀的消息不断传来。银行破产，工厂倒闭，企业裁员，社会动荡，美国上下人心惶惶。

这场股市崩盘不仅震动了美国，也震动了全世界，股市暴跌在全球金融一体化的时代迅速产生了“多米诺效应”。1987年10月19日当天，东京股票交易所一开盘，股票价格便开始直线下跌，日经225指数下跌了620点，跌幅为14.9%；香港恒生指数下跌421点，跌幅为11.3%；新加坡海峡时报指数下跌169点，跌幅为12.4%；澳大利亚所有普通股价格指数下跌80点，跌幅为3.7%；此外，伦敦、巴黎、法兰克福、多伦、米兰、阿姆斯特丹等股市均有6%~11%的下跌。

其后的一周内，局势进一步恶化，各国股指继续下跌，其中尤以香港为最，继19日遭遇暴跌之后，20日早晨香港联合交易董事局宣布停市4天，而重新开市之后，10月26日再度出现猛烈抛盘，恒生指数狂泻1126点，跌幅达33.5%，创历史跌幅最大纪录。同时，东京、悉尼、曼谷、新加坡等股市也在持续下跌。亚洲股市暴跌的消息传回了欧美，又再次引发了欧美股市的下跌。

据统计，1987年10月19日至26日，因股市狂跌造成的财富损失高达2万亿美元，这个数字是第二次世界大战造成的所有损失的5.92倍，所以才被后来的人称为“失控的大屠杀”。

震撼日本的1990年大股灾

作为世界排名前列的经济大国，日本自证券市场建立以来，曾经遭遇过无数次股灾，而爆发于1990年的股灾，因其引起的经济衰退期之长、程度之深而让人印象深刻，很多人评论说，这次股灾在日本引起的恶性后果堪比美国20世纪30年代的大萧条。那么，这场股灾是怎样被引爆的呢?

进入20世纪80年代，日本经济走势越发平稳，在汽车、电子、集成电路等行业的带动下，经济实力逐渐增强。至80年代末，日本的汽车产业在西欧、拉美遍地开花。

自1986年12月之后将近4年的时间里，这段经济异常繁荣的时代被日本人称为“平成景气”。而在“平成景气”中，日经平均指数由1985年的12000点持续上升，在1987年以美国为中心的西方股市大风暴影响下，日经指数短期下沉后率先“复活”，从而带动了全球股市的回暖，此后，股价一直强势上升，并在1989年12月19日达到38915点，较1985年最低点上涨了3倍多。证券业内有人看好50000点大关，人们坚信，牛市的神话将永远持续下去。而野村证券——日本国内最大的券商甚至还做了广告，将永久牛市的观点比喻成“日心说”，将股票和房地产市场即将危险的言论比喻成“地心说”，并在广告上配上了哥白尼和托勒密的头像。

当时，日本国内经济理论界的人士普遍得出结论，认为是日本经济增长势头迅猛促成了日本股市大涨，但没有人意识到，这场经济与股市繁荣背后隐藏着巨大的泡沫。

第二次世界大战后，作为战败国的日本为了迅速摆脱经济困境，在政府主导下将有限的资源纷纷集中在扶持以出口为导向的行业和大型企业集团上。这一方面促进了汽车、家电、机床等行业的快速崛起，造就了我们在本节开头时所说的经济繁荣景象；另一方面却导致日本国内的制造业、服务业和农业效率低下，缺乏竞争力。在促成了“结构性陷阱”的同时，政府更加依赖强大的出口提高经济实力，忽略了内需在拉动经济增长中应当发挥的作用。所以，在日元逐渐升值，以及新兴的市场经济国家的兴起之后，日本原有的出口优势就开始逐渐减弱了。加之日本政府集中鼓励出口，这就导致了日本企业技术以引进和模仿为主，科技创新能力不足。所以，当美国等国家大踏步地在信息高速公路上迈进的时候，日本经济陷入了衰退，无法自拔。

同时，20世纪初日本一直推行所谓金融自由化和宽松的超低利率政策。于是，在经济景气、收入增加的情况下，日本人更多地将存款转投股市和房地产，甚至是贷款进行投机。而银行为了扩大业务份额和市场占有率，也在积极推动人们进行土地、房产和股票投机，从而使土地、房产和股票价格大幅上涨。而此时，拥有大片土地的那些企业上市后，更是成了股市猛涨的领头羊。

1985年9月，为解决美国巨额贸易赤字问题，美、日、英、法及西德等五国财长在美国签订著名的“广场协议”，决定提高其他货币对美元的汇率，日元1年左右上升了1倍以上。日元升值后，国外资本更加蜂拥而至，流入投资收益相对较高的资本市场，抬高了股价和地价。而对日渐膨大的股市泡沫，日本中央银行却始终视而不见。

对泡沫膨胀起到推波助澜作用的还有企业和证券公司的非法交易。早在1965年，日本企业就发明了“法人持股结构”，即由企业从市场上大量吸收浮动股，然后让有交易联系的银行、商社、钢铁公司等法人永久持有这些股票，这样做的目的是稳定股东，而最后造成的结果就是法人持股比率提高，而法人之间的相互持股促进了行市平稳。进入20世纪70年代，大藏省允许按时价发行股票，法人购买能抬高股价的作用为日本企业所利用，发行公司为筹集更多的资金而加大力度稳定股东，以期控制股票的供求关系，促使股价上涨，再以高股价增资扩股。于是，为了收取高额手续费，所有证券公司都开始忙碌起来，纷纷开始将这种做法当成自己的业务积极地为发行公司工作。而日本政府采取的金融缓和政策让企业与券商看到了大肆投机的希望，这也成为促使股市泡沫膨胀的一大助力。

1989年5月，由于意识到了经济过热的压力，日本政府开始实施金融紧缩政策，提高贴现率，而贴现率的急剧提高直接影响了资本的市场收益率，股价开始下跌。因为对未来政策不再看好，人们的心理预期变糟，已经膨胀到尽头的泡沫终于要被戳破了。

1989年12月，日经股指高达38915点，距离4万点大关仅有一步之遥。但是进入1990年，泡沫开始破裂，股指随即暴跌。到1990年10月股指已跌破20000点，1991年上半年略有回升，但下半年跌势更猛。及至1992年4月1日，日经平均指数跌破了17000点，8月18日，再降至14309点，基本上回到了1985年的水平。

截止到此时，股指已比最高峰时期下降了63%，上市股票时价总额由1989年年底的630万亿日元降至299万亿日元，日本股市的泡沫彻底破灭了。

随着股灾的发生，隐藏在巨大泡沫下的问题迅速暴露出来。整个日本企业库存增加、工业生产下降、经济增长减缓。与此同时，日本房价急剧下跌，1994年东京、大阪等主要城市的房价跌幅达50%，2004年房价最高跌幅达70%。当年资产价格的持续上涨激发人们借贷投机的欲望，银行也急于给房地产商放贷，现在日本终于尝到了苦果。

1990年以后，日本金融机构盈利水平直线下降，不良债务率明显递增。据统计，20世纪90年代，日本金融机构倒闭数量达182家，约占全部金融机构数量的20%，赫赫有名的山一证券、北海道拓殖银行都在其中。1992至1994年，有90家银行的信用评级被下调，11家主要商业银行1994年的税前利润下降超过90%。

房地产泡沫的破灭和不良贷款不可避免的增加，让日本银行背上了沉重的包袱，引发了通缩，使得日本经济经历了更持久、更痛苦的萧条。1975至1990年，日本GDP年均增长率4.1%，大大高于美国同期的2.7%，而1990至2000年，日本GDP年均增长率仅为1.6%。经济低迷导致企业负债规模大幅上升，破产企业数量逐年攀升，失业率高居不下。

受股灾的沉重打击，至此之后的20年，日本经济再没有恢复过昔日的辉煌。时至今日，日本经济的发展还是非常缓慢的。

自股市诞生之日起，股灾就成了市场的一部分，与市场如影随形。股灾难以预测，也很少有人能真正躲过，它不但会夺去财富，还会夺去生命，更会让整个社会陷入动荡甚至倒退。

多数情况下，危机既不是天灾也不是某个模型的失效，而是源于人性中的某些致命弱点，例如对金钱的贪婪和对风险的无动于衷。所以股灾的根源不在别处，就在我们自身。任何事情开始都是有蛛丝马迹的，在危机来临时，我们需要冷静地做出不同于大众的独立判断，这不但需要勇气，也需要从前人的经验中借鉴智慧。

历史是现实的一面镜子，了解史实的一个重要目的就是揭示其背后的规律，找到镜鉴，寻求智慧。就像战争永远不会消失一样，股灾时常会改头换面卷土重来，这是人的贪婪和恐惧的本性使然，也是经济规律使然。历史总是呈螺旋状行进的，市场几百年的进退固然有偶发因素，但人性是几乎亘古不变的。熟悉历史上的这些大股灾可以更深入地了解人性，这样不但能更好地看管自己的财富，而且能借机利用各种金融工具从市场获利。

历史是继往开来的纽带，是打开明天的钥匙。

次贷危机：风起于青蘋之末

2007年是黄金大涨的一年，是美元快速贬值的一年，同样也是世界经济遭受沉痛打击的一年。这一年美国次贷危机爆发并开始泛滥。在2008年9月份的第二个星期，次贷危机第五波风暴席卷而来，有着158年历史的美国第四大投行雷曼兄弟再也挣扎不下去了，当地时间9月14日宣布申请破产保护，15日道指暴跌504点。

那么次贷危机是怎样产生的呢？它对美国经济又有什么样的影响呢？

我们知道如果个人从银行获得贷款买房，对于银行来说，这些贷款就是未来获得收益的资产。近年来美国的银行进行所谓的“金融创新”，把很多个这样的贷款打包，定制成债券，命名为“次级债券”，出售给其他的金融机构或者投资者。因为一旦出售这些债券之后，这些贷款的风险就分担给了其他投资者，所以银行就更有动力贷款给个人买房。一定程度上，因为贷款变得容易了，贷款买房的人也就更多了，所以房价就往上涨。

在一个房价上涨的市场里，那些以房贷为背景的债券的风险也就变小了。因为就算有人还不起贷款，投资者也可以把房子轻松地处理掉。在这样的背景之下，这些金融机构和投资者就很乐意持有这样的债券。所以银行也就更加大胆地放贷款，房价也就继续涨，投资者就更喜欢这种“次级债券”。

除了这种循环之外，对于银行来说，按照会计准则，本来贷款是需要计提准备金的，因为贷款毕竟是有风险的，这些准备金就减少了银行可用的资金，影响了银行的利润。可是，如果对于同样的贷款，银行持有的是对应于这些贷款的次级债，则不需要计提准备，这样银行可以运用的资金就大大增加了。所以这些由银行发放的债券，最后又回到了银行手上。

本来次级债的逻辑是，如果把很多人的贷款打成一个包，那么其中某个个体违约的风险就被其他人分散了，于是次级债降低了直接面对借款人的风险。可是，因为前面说过的逻辑，正因为银行可以以此把风险转嫁给其他投资人（或者自己），所以银行的风险控制不像过去那么严格了，即使可以分散个体的风险，但是整体的风险是没法用这种伎俩减少的。而且，对于同样的贷款，原来需要计提准备金预防风险，现在通过债券化便不用计提准备金，难道仅仅通过债券化，原来打算违约的借款人就会不违约了吗？

2006年年底，成规模的房贷违约开始出现。很多时候是借款人在银行或者其代理机构的销售代表的“半哄半骗”之下，签署了以他们的收入根本无法还清的房贷。这时候起，两个自然的结果导致了后来的金融危机：①面对这些大量违约的房贷，银行当然只能收回这些房产然后在房地产市场出售，于是大幅增加了房地产的供给；②银行开始对房贷更加审慎，审批更加严格，于是获得新的房贷的人就变少了，这样对房产的需求就变小了。

与此同时，因为物价上涨（一部分是因为油价高企），美联储开始通过提高利息来打压物价。可是同时，提高后的利率也让供房的借款人很难过，进一步减少大家借钱买房的动力。这也促成了后来的危机。

一些不良效应产生了。一些处在还贷与否边缘的借款人，开始觉得原来的借款协议不再有意义：为什么我要为现在只值18万元的房子还25万元的贷款呢（原来房价可能值28万元）？于是这些人选择违约，而不是继续供房，这当然继续增加房产的供给，打压房地产价格；其他房产的所有者，本来是用信用卡等工具从银行获得贷款大量消费，银行之所以肯借钱给他们正是看到他们不断升值的房产，但是一旦房产的市场价值开始下降，银行就不再愿意借那么多钱给他们消费，于是消费者手上的现金变少；回到金融危机上来，那些建立在房贷基础上的次级债券，在房地产价格大幅下降和违约率不断攀升的背景下，开始被信用评级机构从AA降到CC，再降到“垃圾债券”，所以这些次级债券的市场价格就开始“跳水”！

危机渐渐蔓延，一时间美国整个金融系统似乎都“没钱”了。

终于，美国楼市开始萎靡，房价下跌，购房者难以将房屋出售或通过抵押获得融资。由于贷款不能按期收回，放贷机构以及购买次贷债券的投行和对冲基金等开始出现大额亏损。2007年8月2日，贝尔斯登表示，美国信贷市场呈现20年来最差状态，欧美股市全线暴跌开始，次贷危机全面爆发，并迅速席卷美国、欧洲和日本等世界主要金融市场。

那么，次贷危机对美国经济产生了哪些影响呢？

次贷危机对美国经济的影响要大于上次的互联网危机。由于互联网产业并不是影响国计民生的核心产业，因此互联网泡沫破灭较少冲击到实体经济。而次贷危机由于涉及美国的金融业，因此不可避免地蔓延到实体经济领域。

房价涨势停止和现房存量的增加，将使得建筑商不愿开始新的工程，在现有工程结束后，他们将解雇工人。受在建工程工期的影响，这一现象将滞后于房价疲弱3到6个月。随着失业率的上升，美国居民对未来收入预期降低，耐用品订单将出现显著下滑。耐用品订单的下滑，将影响到上下游企业，并引发进一步的非农就业人口数量下降。

伴随耐用品需求疲软的是服务业需求的疲软。美国服务业不仅是GDP贡献的主要部门，也是边际资本成本创造就业最多的部门。服务业就业数据不佳，将使得美国居民收入进一步降低。

遭遇次贷冲击的金融部门的存货灭失（次贷资产减计），产生了迫切的融资需求，这吸收了经济体内的很多货币资本。这些资金本可投向其他产业产生新的就业，但现在却用于弥补金融部门资产亏空。这使得美国经济创造就业的能力大幅降低，失业人口节节攀升。

经济过热：谁是最后一个贷款人

小孩子喜欢玩一种扔爆竹的游戏，但是，如果Ａ小孩向Ｂ小孩脚下扔的是一个哑炮，Ｂ小孩捡起这个哑炮扔给了Ｃ小孩，Ｃ又扔给了Ｄ，依此类推，直至Ｙ扔给了Ｚ，这个哑炮终于在Ｚ的脸上炸开并炸瞎了Ｚ的双眼。这里，Ａ是远因，Ｙ是近因，中间还有从Ｂ到X的一系列连接点。那么，谁该对这件事情负责呢？

这个小小的故事可以看成是对金融危机发展过程的隐喻，金融危机就是在种种因素的传递累积中爆发的。那么谁该对金融危机负责呢？

金融危机的根本原因是投机行为和信用扩张，近因则是某些不起眼的偶然事件，如一次银行破产、某个人的自杀、一次无关紧要的争吵、一件意想不到的事情的暴露或是拒绝为某些人贷款以及仅仅是看法的改变。这些事情都可能使市场参与者丧失信心，认为危机即将来临，从而抛出一切可转换为现金的东西，诸如股票、债券、房地产、外汇和商业票据。当所有需要货币的人都找不到货币了，金融领域中的崩溃便会传导到经济中的各个方面，导致总体经济下降，金融危机来临。

投机要成为一种“热”，一般都要在货币和信贷扩张的助长下才能加速发展。有时候，正是货币和信贷的最初扩张，才促成了投机的狂潮。远的如举世皆知的郁金香投机，就是当时的银行通过发放私人信贷形成的；近的如2000年的互联网泡沫、2008年的次贷危机、近几年的加密货币泡沫，背后都有信贷宽松的因素。事实上，所有从繁荣到危机的过程中，都有货币或银行信贷的影子，而且，货币的扩张也不是随机的意外事件，而是一种系统的、内在的扩张。

那么，问题就出来了：一旦启动了信贷扩张，规定一个停止扩张的时点是否现实呢？并且，这能否通过自动法则完成呢？

对历史事件进行类聚研究后可以看出，只要当局稳定或控制一定数量的货币M，不管是控制货币的绝对量，还是根据既定趋势控制货币的供应量，都会导致经济更加过热。这是因为：如果货币的定义以特定的流动资产形式被固定下来，并且经济过热后以该定义之外的新的方式将信贷“货币化”，那么，虽然以旧的方式定义的货币不会增长，但其流通速度会加快；现代经济中，人们很难确定各层次的货币供应量。因此，货币扩张不太可能通过货币政策而稳定下来。再推而广之，货币还是会推动“热”之更热，危机还是不可避免。

市场经济中，人类总是在不断地重复着同样的错误，而且，这些错误的开头，都是无可指责的理性的行为方向。

关于市场金融，各经济学派分别持有不同观点。货币主义者很乐观，他们认为不可能存在导致不稳定的投机。理由是，投机者往往在价格上涨时买进、下跌时售出，由于其高买低卖，必将导致亏损，因此他们很难生存下去。而金德尔伯格认为，投机与贪婪是形成欺诈的人性基础，从精神病学的角度来看，欺诈者与受害者的关系是一种被捆绑在一起相互满足并相互依赖的共生关系。欺诈是由需求决定的，它遵循着凯恩斯的“需求决定供给”的法则，而非萨伊的“供给自动创造需求”理论。在经济繁荣时期，财富被不断创造出来，人们的贪婪欲望也随之增大，欺诈者便应运而生。这种状况就像很多绵羊等着人们来剪毛一样，欺诈者一旦出现，它们就献出自己作为牺牲品。毕竟，没有什么事比眼看着身边的朋友变富更困扰人们的头脑与判断力了。

回过头来，我们再分析金德尔伯格的观点。如果我们将他的观点简单理解为设立一个最后贷款人也是肤浅的。如果市场知道它会得到最后贷款人的支持，就会在下一轮经济高涨时期，较少甚至不愿承担保障货币与资本市场有效运作的责任，最后贷款人的公共产品性会导致市场延迟采取基本的纠正措施、弱化激励作用、丧失自我依赖性。因此应该由一个中央银行提供有弹性的货币，但是，责任究竟落在谁的肩上还不确定。这种不确定性如果不使市场迷失方向的话是有好处的，因为它向市场传递了一个不确定的信息，使市场在这个问题上不得不更多地依靠自救。因此，市场要有适度的不确定性，但不能太多，这样才有利于市场建立自我独立性。

这也就产生了两类投机者的问题，即内部人和外部人的问题。一般来说，内部人往往采用投机手段驱使价格不断上涨，并在价格最高点将投机物品出售给外部人，从而导致了市场的不稳定，而外部人则在价格最高点购进商品，又在内部人采取措施使市场价格下跌时在谷底卖出商品。外部人的损失等于内部人的收益，市场整体没有变化。

一般情况下，每一个具有不稳定性的投机者，必有另一个具有稳定性的投机者与之对应，反之亦然。但职业性的内部人一开始通过加速价格的上升及下跌来扰乱市场，而高买低卖的业余外部人与投机热的牺牲者相比，对价格的操纵能力较低，前者只是在投机的后期才影响到后者。损失以后，他们又回到其正常的工作中，继续储蓄以备另一次赌博。

另一个有关高买低卖、具有不稳定性的外部投机者的例子是艾萨克·牛顿。前文提到过，这位理性的科学家，狂热地卷入了南海投机泡沫中。他于1720年4月20日出售了所持有的南海公司股票，获得了100%的高额利润，约为7000英镑。赚取更多财富的冲动随即又抓住了他，受那一年春季和夏季风靡全球的投机热传染，他在市场最高点时买入了更多的股票，最后损失了20000英镑。这次失败的投机让牛顿非常烦恼，最终牛顿将这段经历抛诸脑后，在其一生余下的时间里，他甚至不能再听到南海之名。

但是，即使每一个参与者的行为看起来都是理性的，各个阶段的投机或是内部人和外部人的投机仍可能导致经济的疯狂扩张和恐慌。这就是所谓的组成谬误，即总体与各部分之和不等。每个人的行动都是理性的或应当是理性的，但并不等于其他人以同样的方式行动。超过资本实际价值的任何增长都是只存在于想象中的事情；不管普通算术如何延伸，一加一永远都不会等于三个半，任何虚拟价值都将是某些人或另一些人的损失。对此，唯一的阻止办法是及早出售，别做被魔鬼抓住的最后一个人。

第八章

蛮荒时代的秘事与丑闻

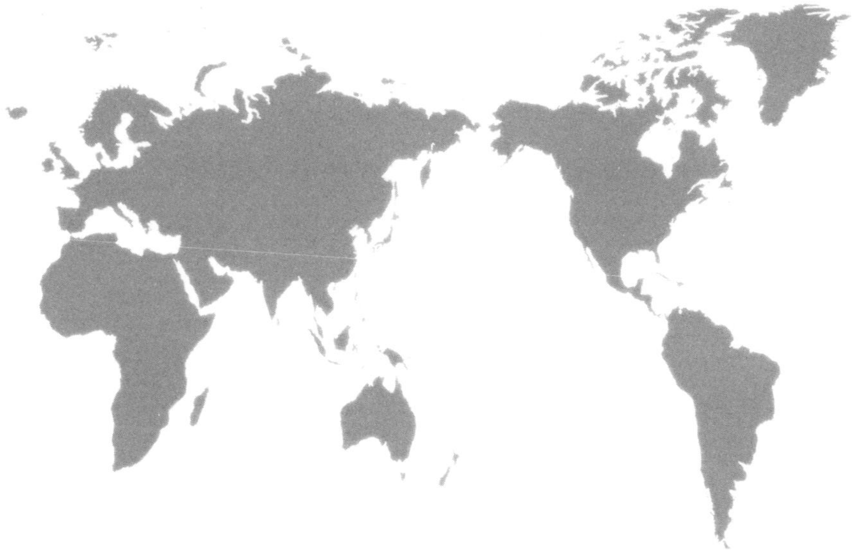

罪恶的战争国债

战争国债是用于弥补战争费用的国债，发行战争国债是各国政府在战时的通用方式，也是国债的起源。在很早之前，国家就依靠发行专项“战争国债”，从公民手中募集资金，用于战争。通常，这些债券的利率都不是按照市场行情制定的，债券的销售也不是很景气。因此，国家总是把此类债券的购买当作一种公民义务，强制性摊派。例如，1922年，德国政府在第一次世界大战失败后，为了支付法国方面要求的战争赔款，只得采用这样的强制手段，从老百姓手里募集资金。对于所有公民来说，这可是一桩亏本的买卖，因为，债券的还本付息都是在经历长时间的通货膨胀之后，货币贬值使得投资值急剧缩水。1923年，德国政府发行新货币，稳定住了货币，然而战争国债的购买者却遭受巨大损失。虽然德国政府动用上万亿马克，以1∶1的比价兑换原来的货币，但实际上通货膨胀已经导致老百姓手里的钱所剩无几了。

英国政府在第一次世界大战期间也发行了大量的战争国债。相比之下，英国财政大臣就要聪明得多——这次发行的国债有着较强的吸引力，因为其年利率为5%，期限是30年。国债发行15年之后，英国政府财政出现困难，原因是当时适逢全球性经济危机。虽然政府可以从税收中增加收入，但是还面临着国债的偿付以及其他各方面的外债。政府预算中很大一部分都被用来支付贷款利息。

因此，时任的英国财政大臣决定说服国债持有者，将手中的债券兑换成新的低息债券来缓解政府的压力，把负担转移给广大投资者。1932年夏，英格兰国家银行大肆发行货币，注入资本市场。这样做的结果是，自由浮动的资本市场随即反应，货币需求随之上涨。进而，资本市场的存贷利率下降，从年初的5％下降至6月底的2％。

与此同时，股票市场上的债券品种也出现价格波动，并反映在供需关系的变化上。通常，某个债券品种上市时的价格为其面值的100％，在债券期限内，如果利率下调，那么相应的股价就会上涨，来弥补投资者的利息损失，因为债券的原始价及其利率在其到期兑现之前是固定不变的。市场上出现的所谓低息债券其实是新上市的品种。通常，投资者是不会购买新发行的低息债券的，与此同时，原来的债券因其较高的利率变得愈发抢手，成为投资者追逐的目标。结果是，原来发行的债券行情继续上涨，直到资本市场的收益水平与之持平为止。

理论上说，战争国债的发行价应该是其面值的150％。然而，实际上政府却是以100％面值的价格发行了战争国债。因为，政府手中握有一张王牌：根据此次债券发行的规定，政府有权在1929年6月1日之后的任何时候宣布债券到期，并以100％面值价格兑换赎回这些国债，而不是以较高的市场价回收。这样做当然会影响政府国库的现金储备，而对于投资者来说，这无疑要承担潜在的投资风险。为了加强市场上对于这一意识的认同，英国政府内阁又宣布增发新的国债。1932年6月，政府正式发出公告，发售新一轮的普通债券。这要是在今天，老百姓会很清楚其中转嫁债务的用意。果不其然，新债券的利率为3.5％，而且没有兑换期限！如果仅从利息水平上来看，这种债券的诱惑力还是很大的。投资者甚至可以终生持有如此

“高息”的债券，使得其投资显得更加安全。

为了吊足投资者的胃口，英国政府特意举办了规模宏大的市场推广活动。财政大臣亲自出马，唤起人们的爱国责任感，并且劝说他们拿出原来的战争债券来兑换新债券。那些没有明确表示拒绝的投资者，立刻被看作接受了这项交易，被政府大肆褒奖。此外，各地政府部门都动用了一切宣传手段，有些地方甚至专门成立了“战争国债兑换宣传办公室”。这些办公室每天都发布公告，列举那些已经履行爱国义务的机构名单。此外，政府还组织了当场兑换债券的大型活动，现场鼓乐齐鸣，声势浩大。所有这一切的目的都是劝说民众将手中原有的战争国债兑换成新债券，尽管这显然是一场完全不公平的交易。并且，这一做法在蛊惑人心，让人们热血沸腾之后，立即付诸行动，同时感染了那些尚在犹豫不决的人们，加入这场爱国运动之中。政府的这场行动开始大获成功，以至于在某些地方甚至需要动用警察来维护秩序。

这场掘金般的热潮还带来了社会和心理上的效应。那些持有异议的人们容易被社会民众所蔑视，受到异类般的惩罚。此间，一位资深的英国银行家就亲历了这场灾难。6月初，英国财政大臣理查德·张伯伦召集英国各大银行行长，要求他们接受自己的想法，并说明这项交易是为了保护投资者的财产。迫于政府压力，在场所有人都接受了这一动议，只有一人例外：雷吉纳德·麦坎南，米兰银行的董事长。他曾经在第一次世界大战期间担任过政府财政大臣，所以完全看清了张伯伦玩的把戏。第二天，这位米兰银行行长就被英格兰国家银行传唤。英格兰总督蒙塔哥·诺曼亲自向他施压，竭尽全力劝他低头。然而，麦坎南十分坚决，始终站在投资者立场，为股东争取利益。这不仅是高尚的职业操守，而且也需要极大的勇气。为此，他付出了很大的代价：作为英国金融界的泰斗之一，他一生都没能得到王室的册封。

经过艰苦的谈判，麦坎南与政府方面达成妥协：米兰银行拥有的3000万英镑战争国债，其中500万用于兑换新债券，剩余部分由英格兰国家银行以较高的价格收购，然后再兑换成新债券。这样一来，各地宣传办公室就能发布“喜报”，宣布英国所有大银行都支持参与这场爱国行动。

这场声势浩大的宣传活动终于获得了预期的效果：92％的战争国债持有者兑换了手中的债券；他们换到手上的是白纸黑字的不平等合约，而其中的利息也就付诸东流了。在这场金融活动结束之后不久，英国央行就放弃了此前恩惠民众的货币政策。几个月后，英国资本市场的利率水平重新上调，人们手中年息3.5％的债券也就相应贬值，成为垃圾债券。投资者需要等到28年之后，才能把手上的低息债券兑换成等值的资金投入。

老人与运河

一个人要具备哪些素质，才能完成一项极具冒险性的任务，并以独一无二的方式取得成功？在如今的文明世界里，人们脑子里想的一定是个人英雄主义和敢于冒险的精神。从某种意义上说，这也包含莽撞和草率，事实上，人们从一开始就应该考虑到所有可能遇到的困难和具体的细节问题，甚至做好最后可能会事与愿违的准备，或者要预计如果事态进展无法像计划中的那样顺利时，应该如何调整计划，以便项目顺利进行。当然，最后能否成功还是要取决于参与者的经验、掌握的相关专业知识和必要的运气。事实真的如此吗？

1866年，苏伊士运河工程完工，法国的欧仁妮皇后为运河通航仪式剪彩。这一运河的开通，使得欧洲与包括印度在内的东南亚地区海路运输缩短了近两万千米，而这一项目的完成要归功于一个成功的大冒险家——斐迪南·德·雷赛布。

雷赛布曾在30年前被法国外交部派驻开罗。他最先提出开凿一条人工水道，连接地中海和红海。然而，他本人既没有作为工程师或者设计师的技术背景，也不具备任何项目融资的能力，所以他提出的项目始终没有进展。后来，他被调离埃及，去了别的国家。但是，他始终在为这个世人眼中近乎“疯狂”的项目四处奔波。经过一番调研之后，开始和各部门进行谈判。他的努力没有白费，1854年，埃及亲王凯迪文终于批

图12　1869年11月17日，苏伊士运河开通。苏伊士运河南连红海，北接地中海，是欧、亚、非三洲的重要交通枢纽，无论是在军事方面还是经济方面都具有重要的作用，成为至今为止人类开凿的最著名的运河之一。

准了运河项目的开工。

4年之后，雷赛布组建了一个公司，专门负责项目的实施。然而，凯迪文亲王能够提供的资金只够项目预算的一半——剩下的部分只能去法国资本市场上募集了。后来，埃及亲王变卦，不肯再给项目掏钱，因为他本人对这个项目也渐渐失去了信心。尽管波折重重，最后的结果却让人喜出望外，1859年，该项目仅仅用了7年就大功告成，堪称工程史上的奇迹。

雷赛布被法国人誉为“苏伊士英雄”，获得了一大堆勋章、嘉奖和赞誉。不难想象，当时人们对这位传奇人物的崇拜到了何等地步，他甚至被看成是上帝赐予人类的一代建筑大师。这位“奇才”自己也得意忘形起来，在其66岁高龄时，还娶了一个比自己小44岁的妻子，生了12个孩子，似乎是向世人证明自己具有超越常人的能力。

通常，当一个人的尾巴翘得老高，目空一切找不着北的时候，离摔跤倒地也为期不远了。在后来的事件中，雷赛布可谓是自作自受。他不满足于已经取得的成功，想寻求新的挑战，让后半生都尽享荣华富贵。他只会挖运河，如何能进行二次创业呢？在利欲的驱动下，他选择了贯穿中美洲的运河项目。

开凿一条连通太平洋和大西洋的水道，省去绕道好望角这条费时和危险的航线，这一想法由来已久。而直到美国西部加州淘金热潮到来之后，人们才对美国西海岸人员和物资运输产生迫切需求。但是，美国人自己不肯出面来修建这一庞大的工程，雷赛布认为有机可乘，便于1876年组建了专家委员会，来运筹策划项目的实施。此后，他又成立了一个运河项目运营公司，起名为“联合环球运河有限公司”。1878年，在巴黎召开了一次国际大会，来自22个国家的专家学者参与了运河开凿的调研论证。会上，主要讨论了美洲运河开凿的具体计划，从理论上论证了几十个施工计划的可能。其间，就哪一个才是最好的选择进行了激烈的争论。美国代表团认为，应该利用圣胡安河在太平洋的入海口，修建水闸并连通尼加拉瓜湖，然后再开凿一条运河通往大西洋——同样是修建水闸，实现通航。这一方案非常符合当地的地理情况，过程相对比较简单，花费也比较少。

然而，雷赛布却执意选择另外一个开凿距离相对更短，但是技术要求很大，投资也更大的方案。这就是后来贯穿巴拿马境内的美洲大运河。与此同时，另外一个竞争者也对于美洲运河项目虎视眈眈：拿破仑·波拿庞·韦斯，法国的大企业家，他已经获得了在哥伦比亚境内沿着查格雷斯河流域开凿运河的特许权，而当时巴拿马也属于哥伦比亚的管辖。雷赛布见此情况，立刻计上心来。他想从法国老乡手里买下运河开凿权，这样可以使工程很快上马。雷赛布不顾各方专家的反对，一意孤行地放弃了水闸式运河的开凿方式，无疑给工程增加了许多难度。然而，雷赛布固执己见，并竭尽全力地实施他的计划。尽管反对派的呼声越来越高，但是雷赛布在苏伊士运河项目上取得的成功已经被世人认为是神话，雷赛布本人此时正处在忘乎所以的状态中，根本不理会什么专家委员会的决议，即使法国代表团中其他五个工程师都联名反对他的预案，他也不为所动。雷赛布脑子里只有一个念头：你们谁也没去过巴拿马，凭什么说我的想法行不通?

当雷赛布最终为法国赢得了运河项目之后，他开始考虑如何进一步融资。整个项目的预算高达5亿至10亿法郎。没多久，这一数字再次攀升，远远超过了原来的预算。仅仅从拿破仑·波拿庞·韦斯手里买下特许权一项，就耗资巨大。这还仅仅是个开始，雷赛布还必须买下属于美国的巴拿马铁路公司。从公司名字上就可以看出，该公司控制了巴拿马地区大部分的铁路运营业务。收购该公司就意味着同时要偿还该公司欠下的高达2000万美元的债务。所有这些开销，雷赛布都要依靠在法国发行债券来进行融资。

最后，整个工程的人力投入也高得惊人。耗时30年的运河工程让大约1.2万名工人丢掉了性命，他们大多死于霍乱、痢疾和天花等传染病。

最终工程完工，超出预算额的6倍之多。这段总长76千米的巴拿马运河成为世界上耗资最大的运河工程。

为了募集运河工程的资金，雷赛布亲自挂帅，号召全体法国人民参与，并竭尽全力地吸引投资者的关注。雷赛布的市场推广方式类似于现在公司股票上市前的路演宣传。雷赛布本人似乎胸有成竹，以至于过于自信，甚至没有求助任何一家银行来参与募集资金（这在今天看来是不可想象的），在他看来，仅凭自己的声望，就足够劝服民众来购买股票。此外，他甚至都不太在乎与媒体的合作，而媒体也没有给予他相关的正面报道。所有宣传推广都是围着他一个人展开的，这无疑酿成了大错。不久，媒体就开始抨击他的工程计划。许多文章都指责这项工程的技术难度太大，而且工作条件极其不人道、不合理，比如巴拿马的热带高温和危及生命的各种传染病。此外，媒体还有意地提及雷赛布年事已高，奉劝投资者要谨慎行事。

反对派的言论开始发挥作用，股票发行以失败告终。由于发行额还没达到总量的10%，雷赛布的运河公司必须向股票投资者返还经济补偿。然而，雷赛布仍然没有放弃。他采取了进攻性的宣传手段，坚信自己的方案是可以实现的，并向公众大力推广这一方案。他甚至亲自驾船，携家带口地去巴拿马实地考察，力证传闻不可信。在他到达南美洲的那段日子里，当地气候非常温和，而且没有任何人染上疾病。

一个月后，雷赛布返回巴黎，受到民众的热烈欢迎。这一次，他大获成功，让那些反对者彻底闭上了嘴巴。一时间，他的公司股票成了抢手货，甚至一度供不应求，不得不放弃了许多买单——这一做法后来让雷赛布后悔不已。

1880年，工程终于开工。开工不久，由于缺乏计划性和专业土木工程专家的参与，工程出现很多问题。雷赛布前一次进行实地考察是在旱季，而工程开工是在当地雨季到来之后，开凿运河挖掘而成的土坑水塘成了蚊子孳生的绝佳场所。以前报道过的疾病和恶劣的工作环境并没有言过其实，黄热病和疟疾非常盛行，成千上万的工人因此殒命。与此同时，技术问题也接二连三地出现。连日不断的降雨使得刚刚挖好的沟渠边缘经常出现塌方和崩堤事故，不仅把工人和挖掘机一起卷入深坑，还导致已经建好的工程毁于一旦。此外，不借助水闸而直接修建与海平面一样高的人工河道，这一做法显然是错误的。为此，工人们必须在花岗岩丘陵地区开凿100米高的堤坝，再引流入水，形成人工河。这种庞大的土木工程在处于沙漠地区的埃及苏伊士很容易完成，但是到了以火山石为主的巴拿马则几乎没有实现的可能。工地上很快被颓丧的气氛笼罩，工人们开始消极怠工。

1885年，雷赛布放缓了工程进度，并调整了施工方案。他放弃了修建与海平面等高水道的做法，并委任著名工程师古斯塔夫·埃菲尔负责项目进展，开挖水闸，重修河道。埃菲尔是当时最有威望的工程师，后来修建了以自己名字命名的埃菲尔铁塔。然而，项目重修需要足够的资金。为此，雷赛布不得不返回巴黎，为项目筹集经费。当时的资本市场正在流行一种带有博彩性质的债券——这种融资方法可以说是现在资本市场上发行的期权债券的前身。当时，发行此类债券需要得到法国议会代表团委员会和顾问委员会的同意。政府官员代表们已经从媒体报道中听说了中美洲运河工程的危机处境。雷赛布只好又花费巨资，贿赂政客和买通媒体，让他们隐瞒实情，对自己的工程网开一面。最终，他获得了债券发行的特许权。

翌年，雷赛布再次来到巴拿马。被曾经的胜利冲昏头脑的他始终坚信自己的项目能够圆满完成。他手下的员工和家人都忠于职守——他的儿子查尔斯每天都亲自到场监督工程的进展。但是，雷赛布本人对工程的实际状况并不十分了解。

1889年年初，贿赂官员和媒体的粉饰都不再起作用了。雷赛布的账户出现亏空，他的商业帝国也走向衰落，再没有新的投资者愿意给他的项目投钱了。联合环球运河有限公司资不抵债，中美洲运河项目被迫停工。

消息传来，巴黎震惊。雷赛布本应及早采取措施，阻止事态恶化。但是，他太过自信了。他手上有一个名单，上面是一堆业界名人和记者，他们都害怕承担责任，一起帮助掩盖事实真相。直到一个贵族，也是雷赛布的同党，在参加一次反对犹太人的煽动集会上被人指认出来，随后自杀身亡，迫使政府出面调查，大家才发现了种种黑幕。政府派出的调查委员会查出了一张写有150多人的黑名单，上面有媒体老板和政府官员，都无一例外地卷入了受贿丑闻当中。除此之外，人们还发现，雷赛布募集来的资金，仅仅三分之一是用于运河项目，另外三分之一当作行贿资金，剩下的则全部被挥霍掉了。雷赛布和他的儿子被法院起诉，后来又分别被判处有期徒刑5年。雷赛布没有服刑，因为在宣判不久，他就一命呜呼了，享年88岁。他的儿子暗中买通了官员，逃往英国。令人意外的是，那些涉嫌收受贿赂的议会议员都没有受到任何的法律制裁。

联合环球运河有限公司宣布解散。为了将工程继续到底，法国人很快又组建了新公司，原来工程计划被彻底推翻，重新修改。然而这一切已经于事无补，由于项目前景一片黯淡，法国人最终将这个项目转卖给了美国人。1899年，美国人收购运河开凿特许权，4年之后，当时的美国总统西奥多·罗斯福在项目收购书上签字，并接管了原属于美国的铁路公司。该工程已经花费了15亿法郎，美国人又追加了4亿美元，才完成了这项世纪工程。

实际上，美国人最终占了大便宜。罗斯福帮助巴拿马独立，脱离了哥伦比亚的统治，并派驻军队协助修建运河。与此同时，铁路公司也为运河工程让位，修改了线路，并为运输工程材料和人员做出了贡献。在吸取了法国人失败的教训之后，当地流行的黄热病和疟疾也被成功地遏制。1914年，巴拿马运河正式开通。美国人没有耗费多少资金，就取得了运河的控制权。那些曾经购买雷赛布运河公司股票的投资者只能眼睁睁地看着自己手中的股票沦为废纸。他们唯有捧着那些股票，回味印在上面构思独特和意味深长的宣传语：

一个人，一个计划，一条运河：巴拿马！

A MAN，A PLAN，A CANAL：PANAMA！

这句话正反来读，都是同一句话。

臭名昭著的基金

19世纪中叶，工业化社会发展突飞猛进，建立福利社会的市场经济只不过是个乌托邦式的幻想。当时，有个瑞士人卢克·白卡德和他的同乡、银行家路易斯·伯恩纳一起倡导一种除了储蓄之外的公众参与的投资模式。他们先是想到了一个响亮的口号——“团结起来力量大”，并制定出一个天才的设想：把许多散户投资者的资金聚集在一起。这样做不仅可以节省理财成本，而且还可以雇用专业的投资经理人负责资本运作。他俩当初没有任何自私的想法，也没有想到自己后来成了这家私募基金的经理人。

作为基金管理人的他们可以购买房地产、固定利息的有价证券和股票，通过分散投资的形式，进入多种投资渠道和资本市场，来降低由于某一市场的行情波动导致的总体投资风险。1849年，白卡德和伯恩纳在瑞士日内瓦创建了“社会公众投资基金”。在这之前的1835年，苏格兰和英格兰也曾出现过共同投资基金的机构雏形，然而历史学家对此有争议，因为这些基金组织都犯了基本性的错误，没有将投资者的资金进行分散投资。他们投资的矿山和铁路公司后来纷纷倒闭，基金里的众多投资者都是血本无归。

第一次世界大战结束后，投资基金在美国资本市场上取得了突破性的进展，而在大洋彼岸的德国，在相当长的时间里投资基金在资本市场根本没有立足之地。其中的原因是，德国人一向对炒股不感兴趣，而且长期以来一直缺乏私人养老保值投资的观念。此外，人们对投资基金的反感还来自20世纪60年代的一场金融风波，大家都牢牢记住了这样三个字母：IOS！

这个臭名昭著的IOS是一家名为“海外投资服务有限公司”（Investment Overseas Services）的简称，在当时它的业务遍布全球，主要是以基金的形式代理客户理财投资。然而，IOS作为基金组织，在投资计划和具体操作却存在着巨大的隐患——公司内部缺乏有效的管理监控。

提到IOS就自然会牵扯到一个赫赫有名的人物本哈德·康菲尔德，人们又把他称为本尼，可以说，没有本尼，也就没有IOS最后的灭亡，IOS也不会成为巨额资金的蒸发机。

康菲尔德1927年生于土耳其伊斯坦布尔的一个普通人家，作为美国公民的他身上有着罗马尼亚的血统。20世纪50年代初，他在美国的一家基金公司做推销员。1955年，他移民法国，在巴黎从事商务代理的工作。在这期间，他结识了一些美国同乡。这些人大多是临时工，生活十分窘迫。康菲尔德想到一个主意，说服这些美国老乡为自己的公司工作。随后，他创建了IOS公司，并摸索出一套如今已被保险公司广泛采用的金字塔式的销售模式。这种逐级建立起来的销售体系的核心原理就是，每一个销售员都可以发展下线客户，在销售的同时成为高级代理人，通过向亲友推销产品，发展层层递进的客户网络，最终形成了金字塔式的销售代理体系。康菲尔德在创建IOS之初并没有想到公司规模后来会发展得如此庞大。但是他确信，这种销售模式的优点就是鼓励更多人的参与，因为每个人在销售的同时，还可以发展下线，从中赚取代理佣金。

还是在美国的时候，康菲尔德结识了基金主管杰克·德雷福斯。凭借着这层关系，康菲尔德将他的IOS打入美国市场，获得了销售德雷福斯基金的许可权。此后，康菲尔德的工作重心开始转移。随着IOS组织的日益庞大，他主要负责给销售人员讲解传销技巧，让他们尽快发展更多的人加入这一销售网络，并尽可能多地签下销售合同。

公司业务蒸蒸日上。仅在康菲尔德手下就有70个高级代理销售人员，在全球股市上涨的大好形势下，在世界各地推销德雷福斯基金产品。后来，法国政府出台了外汇控制的管理规定，康菲尔德将公司总部暂时转移到资本市场政策相对宽松的瑞士日内瓦。1960年年底，IOS终于有了自己的基金产品，并在卢森堡创建了IIT基金会。然而，在IIT基金启动阶段，销售情况并不是很好。1962年，全球股市开始走低，IIT基金也随之下滑。除了股市疲软之外，导致IIT基金颓势的另外一个原因是IOS内部爆出了第一个不大不小的丑闻：身为律师的埃德·考维特在IOS担任高级经理，他在以个人名义创办的四家基金会业绩非常差劲，就在即将倒闭之时，他却把这四家基金会以高价卖给了自己供职的IOS。丑闻败露后，考维特被管理层开除，仅仅保留了公司法律顾问的头衔。一年之后，他竭力洗刷了以前的罪名，重新进入IOS公司的领导层。

1962年年底，IOS创建了FOF，即“基金中的基金”。FOF的操作理念是，基金客户的资金收益是通过投资其他种类的基金而获得的，即通过投资到不同的基金项目上获得收益的基金——如今对于FOF的交易有着更为明确和严格的限定。康菲尔德却是将FOF的操作理念变成了以拉拢客户为目的，用代理佣金和获利分红来诱惑客户，从中赚取可观的交易代理费和佣金提成，并且网罗住大量的客户。IOS在选择资本市场时也是小心翼翼，目的是防止当地监管部门的干涉。例如，按照美国证监会的有关规定，IOS的许多交易都是违法的，所以IOS没有在美国资本市场上开展业务。这无疑是美国投资者的一大福音。

通过收取高额的交易手续费和佣金，IOS能够给手下的各级代理人非常可观的交易佣金，也正是利用这种激励手段，FOF在两年时间里就募集到了1亿美元的资金。IIT基金在度过了一段危机之后，也有了9亿美元的进账。到了20世纪60年代中期，IOS掌管的资金总额已经高达25亿美元。

鉴于基金会的强势规模和众多的私人关系，IOS把许多社会名流也拉入基金会，在公司的监事会任职，其中甚至包括詹姆斯·罗斯福，也就是美国已故前总统西奥多·罗斯福的儿子。在德国，康菲尔德拉来了艾里希·门德稳定军心。门德是当时德国自由民主党的主席，曾经担任过副总理和内阁部长等要职。IOS给他丰厚的报酬，让他担任公司顾问管理会的主席这一虚职，使他凭借个人威望成为IOS对外的形象代言人。

带有门德头像的IOS宣传画铺天盖地，彻底打动了一贯传统守旧的德国储户的心。康菲尔德的销售团队获得了雪片一样多的订单，就连一些小户人家都四处借钱，来购买IOS的各种基金产品。在最初阶段，投资者的回报还是相当丰厚的。IOS旗下的各个基金交易品种价格一路飙升，IOS也因此成为世界上最大的投机基金公司。IOS在20世纪60年代末达到鼎盛时期，旗下掌控着16种基金产品，并参股200多家各行各业的企业，其中包括6家保险公司和世界知名的大银行。

然而，表面的繁荣背后却存在巨大的隐患。FOF的管理层已经得意忘形，开始把资金投入到那些风险极高的股票和皮包公司中，妄图在短期内把股价炒作上去，在投资对象真正破产之前，获得高额利润后卖出了结。为了粉饰投资业绩，他们还暗地里购买未获批准上市的公司股票，以超低的价格吃进大量股票，在年报公布的时候，他们就可以将这些并未卖出的股票按照当时的市场市值进行估价，达到账面上的巨额盈利。到了后来，IOS的领导层甚至决定，通过场外交易来购买本已并入IOS旗下的企业股票。此类内部交易在账面上显示的利润很高，实际的价值都是被高估了。结果就是，IOS账面上许多实际价值很低的企业和地产都被估价到了几百万美元，其真正的市值恐怕也就是估价的零头而已。

IOS对外的年报业绩非常好，使得客户没有丝毫撤资的意向，反而促进了公司的快速发展。康菲尔德野心勃勃地想要把IOS挂牌上市，以便他和他的投资伙伴能够尽快出售股权，兑现了结。为了顺利实现承销上市，IOS必须得到投资人的支持。然而，正在公司预计上市的1969年，全球资本市场行情冷淡，异常疲软。FOF只得寻找新的投资渠道，出资购买了美国金族储备公司的输油管控制权，该公司是得克萨斯州富商约翰·金名下的企业。由于输油管控制权没有官方的市场价，所以康菲尔德可以按照自己能够接受的价格买断。然而，此举却违背了投资基金交易的基本准则，即必须投资可流通的交易品种，以便随时卖出兑现，并且交易对象必须具有官方市场价格的参照。好在，IOS的手法更为老辣：公司把这段位于北极地区的蛮荒之地又卖还给约翰·金的公司，价格却翻了10倍，但是允许以优惠的分期付款方式偿还。这样，IOS的账面上又多了一笔非常可观的交易收入，尽管实际上公司一分钱都还没收到。IOS就是通过这样的手段，造出账面上的业绩，并以高额的佣金让基金投资者得以安心。

真正让IOS感到难堪的倒是他们的总裁康菲尔德放荡不羁的个人生活。这位号称笃信社会民主思想的家伙无时无刻不在炫耀自己的财富。康菲尔德在瑞士买下了一幢别墅，并拥有萨伏伊王室遗留下的一座皇宫，他住在里面端起了王侯贵族的派头。此外，他还在巴黎、纽约和伦敦购买了豪华公寓，拥有许多辆豪华轿车，还有一架私人飞机，这在当时完全就是穷奢极欲。此外，他还经常带着手下人举办各种浮华的派对。著名的花花公子休·亨弗内是这些派对的常客，还经常带来许多花枝招展的美女，把派对搞得灯红酒绿。除了个人生活腐化堕落之外，康菲尔德带给IOS的损害还在于他经常不着边际地吹嘘公司的发展前景，尽管他本人根本没时间打理公司的日常业务。随着全球资本市场行情的走低，IOS的业绩与他吹嘘的预期相差甚远，到了1970年年初，所谓的收入和盈利目标都化成了泡影。与此同时，康菲尔德和他的手下人还在疯狂地侵吞公司财产，作为公司的管理者，他们手下的基金没有一家是赚钱的，只好通过所谓“非主营业务”来制造账面盈利，勉强支撑。到了2月底，公司不得不收回了原先公布的盈利目标。随后，事态进一步恶化。5月份，IOS对外宣布，公司非但没能实现预期的盈利，而且还亏损高达几百万美元。另外，有消息显示，康菲尔德暗地里卖出了大量的股票套现，他本人也被迫引咎辞职。公司股价开始一落千丈，不久市值就缩水近一半。

更令IOS感到棘手的是，基金客户们纷纷上门，撤资兑现。最严重的时候，每周的挤兑总额高达2500万美元！结果不言而喻：基金公司必须卖出手上的各种有价证券，来满足客户的兑现要求。这无疑加快了公司的灭亡。市场上风声鹤唳，有传言说IOS已经资不抵债，濒于破产。

康菲尔德此时也已经声名狼藉。他经常夸夸其谈的“全球大众资本主义”的构想也成了肥皂泡。几个月后，他的继任者收购了他手里剩下的股权。这位名噪一时的“天才营销大师”先是逃到墨西哥过了一段舒适的生活，后来又得意忘形地返回瑞士。这一次，他因为IOS的违法交易先是被警方逮捕，后来在被起诉后又被判无罪释放。最后，他去了美国的加利福尼亚，靠着剩下的那点家产安度晚年。这位曾经勾画出无数宏伟计划的大梦想家，没有脚踏实地完成任何一个计划。1995年，康菲尔德因患肺癌，病逝于伦敦。

在康菲尔德被免职之后，IOS的经营似乎又重新步入正轨。一个当时名不见经传的人以他出色的能力成了“救火英雄”，令IOS的管理层为之惊喜，他就是罗伯特·维斯托。维斯托的最大功劳就是在IOS濒临破产的危急关头，拉来了一笔5亿美元的贷款，这让IOS的管理层们钦佩不已。实际上，这位新总裁也不过是更会耍手腕而已，他所带来的投资也是羊毛出在羊身上，利用IOS旗下的基金玩了个金蝉脱壳的把戏。上述的那笔巨额贷款是维斯托通过一家小银行做了个转账的骗局，在骗取了IOS管理层信任之后，又把这笔钱重新转了回去。就连他收买康菲尔德剩余股权的资金也是通过IOS基金客户的转圈借贷完成的伎俩。然而，这只是他出色演技的开始。随后，他采用一切手段，实施金融诈骗，手法非常复杂，在此就不详述了。他在生意场上的许多富商朋友都上了他的圈套，投资的钱财大多血本无归。后来，维斯托逃亡去了哥斯达黎加，IOS及其客户在他的手上又损失了2.5亿美元，甚至业内专家分析，维斯托的诈骗金额可能高达数十亿美元。美国法院下令全球通缉维斯托，使得他不得不辗转在中美洲地区的多个国家逃亡。20世纪80年代中期，他隐居到了古巴。1996年，他终于被警方抓获归案，并被判处13年有期徒刑——罪名倒不是IOS的诈骗案，而是在古巴当地制造并贩卖违禁药品。

IOS公司于1973年因为资不抵债出现偿付困难，申请破产。IOS的股东和旗下基金客户都为此付出了惨痛的代价。

名流的惊世丑闻

费迪南德·格拉夫·冯·加仑，德国法兰克福著名的私人银行SMH银行总裁和控股人，其行为举止给人的印象是个标准的银行家。他不仅拥有炫目的头衔，而且身高接近2米，看上去气宇轩昂。他总是身着顶级设计师为他量身定做的高档西服，戴着深色金属框架的眼镜，脸上的表情深邃而稳重。他的夫人安妮塔·冯·加仑也长得非常迷人，落落大方，夫唱妇随地出席各种酒会派对，是法兰克福上流社会的明星拍档。冯·加仑还是法兰克福股市执行总裁，经常在自己的豪华别墅里举办各种鸡尾酒会和聚餐晚宴，作为经常性的商务社交活动，许多金融界大亨和高官政客都是这里的座上宾。冯·加仑本人在SMH银行的业绩并不出众，倒是他的夫人为他赚取了不少虚名。安妮塔在法兰克福社交圈里被称为“漂亮的女伯爵”，是著名银行家弗雷德里希·亨斯特的女儿，也是SMH银行的创始人之一。

瓦尔特·埃什，与生俱来的天才推销员，总是穿着不入流的衬衫，看上去不像上流社会中的一员，在社交圈里倒也引人注目。他的做派特立独行，令人刮目相看。在德国传统的企业经理人眼中，埃什像是那种干倒卖轮胎营生的小贩，甚至能把空气都当成商品卖给客户。与此同时，埃什还是天生的赌徒。他对于获得少量稳定的收益并不感兴趣，而是热衷追求以小搏大的高风险投机。

世事难料。谁能想到费迪南德·格拉夫·冯·加仑和瓦尔特·埃什这两个性格迥异的人物会碰到一起，并演绎了德国战后金融史上最大的丑闻和银行倒闭案。

凭借自己在股市上的摸爬滚打，瓦尔特·埃什在20世纪70年代初就挣得了第一个100万马克，并在1975年创建了IBH股份公司，这位白手起家的小伙子从此飞黄腾达。他的公司接连并购了许多生产工程机械的企业，俨然成了一个大集团。然而，集团企业的经营状况总是危机四伏，随时面临破产。除了疯狂收购企业之外，埃什还有其他惊人之举。他曾和伊朗宗教领袖霍梅尼之子有过生意往来，也造访过美国汽车行业巨头通用汽车公司，并最终使得集团公司成为世界第三大工程机械制造商，全球员工总数高达1万多人。他的梦想是通过扩大规模，实现行业垄断，打破传统的经济规律，从而实现销售额的快速增长。为了实现他的宏伟计划，埃什找来了实力雄厚的合作伙伴。除了美国通用汽车公司之外，德国机械制造集团巴高克也把旗下连年亏损的子公司卖给了埃什，然而和通用汽车一样，巴高克也大量购买了IBH的股票。

对于埃什来说，在大肆兼并公司的计划中唯一的困难就是筹集所需的资金。埃什与许多银行进行磋商，然而大多数银行都冷眼相向，拒绝为他提供贷款。令他感到意外的是，SMH银行的总裁冯·加仑却非常慷慨地给IBH集团提供了几百万马克的贷款——尽管包括著名的德国BFG银行在内的金融机构都把埃什及IBH集团列为偿贷信誉度极低的等级。为何偏偏是这家规模不大的私人银行看上了埃什的项目，其中究竟有何内幕，恐怕只有当事者本人才能说清了。埃什从SMH银行得到必需的资金后，收购了一家从事机械制造的维鲍公司。SMH也通过参股维鲍公司，成为IBH集团的股东之一。另外，埃什还说服了来自中东的大富豪萨勒·阿尔·卡米尔酋长投资上百万美元，成为公司的大股东。后来，这位酋长才明白，在公司所有大股东之中只有他是真正往里投钱的，其他的所谓大股东都是将已有的机械制造子公司并入IBH集团，而折合成股本参与其中。

20世纪80年代初，IBH集团中以埃什为首的管理层根本无法让集团公司持续快速增长。与此同时，全球经济走势使得整个机械制造行业江河日下，国际市场出现萎缩，所有相关企业都陷入窘境。在这种大背景下，IBH集团控股的几十家企业都出现严重赤字，资不抵债。集团公司在1981年就已经濒临破产了。然而，埃什使用各种花招蒙混过关，并采用迂回的手段，避免公司陷入绝境。其中最为经典的是，埃什和维鲍公司总裁罗兰德·施皮卡搞的双簧把戏——在公司账目上造假，子虚乌有地做出1.36亿的应收账款，然后伪造销售合同，竟然成功地瞒天过海了。其中的应收款项都是来自SMH银行总部及其位于卢森堡的分行，还有一家名为芬采克的公司，实际上是SMH银行和IBH集团各自控股一半的子公司。埃什的这种行径是违反德国法律的。后来，在埃什的公司破产倒闭之后，他的违法行为才被一一曝光，法院以造假和诈骗罪判处埃什六年半的有期徒刑。

SMH银行不仅仅是由于参与维鲍公司的假账丑闻，而深深陷入IBH集团破产的泥潭之中的。冯·加仑没有及时采取措施终止向IBH集团提供贷款，以避免不必要的损失，反而继续给埃什提供资金。与那些圈内人士相比，冯·加仑似乎对IBH集团更有把握。在他看来，IBH集团如同滚雪球一样越来越大，反而不会发生什么大变故。一旦出现问题，总会有新的投资人加入来弥补亏空。他的判断完全错了，他忽略的一个重点是，在当时的市场情况下，没有任何企业是可以高枕无忧的，那些大的公司为了保全各自的名声，是不会对这么一家外强中干的企业伸出援助之手的。

据圈内人士说，冯·加仑本人虚荣心很强，他不甘心只是做一个小银行的总裁，硬充门面参与国际资本市场的重大交易，充当资本代理人的角色。野心勃勃的埃什及其集团公司的做法与冯·加仑本人的想法不谋而合。他们之间的合作也的确为冯·加仑本人在生意场上赚足了面子。而他在SMH银行的特殊地位也使得他在银行圈内始终能够获得项目贷款——尽管作为监督银行放贷的德国银监会曾经向银行系统就IBH集团发出过警示通告，也无济于事。

丑闻的最初发现者是汉斯·赫尔曼。作为SMH银行的合伙人之一的他发现苗头不对，于1983年10月说服了冯·加仑，向德意志银行紧急求援。此时，IBH集团的业务经营已经完全失控，其在SMH银行的贷款总额已经高达9.5亿马克——按照IBH集团当时的处境来看，这笔钱无论如何是还不上了。更为糟糕的是，巨额的贷款已经超出了SMH银行自有资产的几倍之多，冯·加仑的做法已经完全违反了德国银行贷款法中关于保护客户和投资人利益的相关条款。按照法规条例，SMH银行此时应该主动申请破产。为此，德意志银行和德国银行协会召开了紧急会议，制定出一份紧急救助预案，来帮助SMH银行渡过难关。各家银行联手筹集了7.8亿马克，为SMH银行紧急输血，将其从破产边缘拯救回来。这家私人银行也从此失去了独立自主的地位。1984年，英国著名企业集团劳耶德入主控股92％，在拥有并经营这家银行多年以后，于1998年将其转卖给了国际著名银行财团UBS。

冯·加仑本人也难逃罪责，为自己的行为付出了沉重的代价。1986年，冯·加仑和另外三名经理被送上了法庭，他本人由于严重的欺诈行为被判处3年9个月的有期徒刑。在整个案件调查期间，他坐牢一年多，每晚都在噩梦中备受煎熬。在获得保释成为自由公民之后，冯·加仑沦为一家公益机构的普通员工，勉强维持生计。他的万贯家财也化为乌有，都用来偿付债主了。唯一让这位曾经显赫一时的银行家感到欣慰的是，他的妻子攒下了足够的私房钱，使得他在破产之后还能过上相对富足的生活。

在度过了四年的牢狱生涯之后，瓦尔特·埃什被提前释放。出狱后，他移民去了美国，在那里创建了一家名为“维赫玛”的模特代理公司，后来发展成为世界顶级的模特公司之一。创建公司所需的400万马克据说也是他夫人以前在德国攒下的私房钱。所以说，在每一个最初成功的，但是后来穷途末路却又东山再起的男人的背后，总有一个更为成功的女人。

狡诈者的竞技场

巴高克集团的案例让人们看到，公司监事会或者财务审计的监管不力往往是导致企业管理混乱和出现危机的主要原因。在这家曾经以制造锅炉而闻名于世的百年老店，监事会和董事会的关系过于密切，使得企业总裁有恃无恐、为所欲为。然而，与之相反的另外一个极端情况则是，如果一个企业的高层领导与内部监管人员没有任何私交，甚至在企业经营理念上也是各持己见，并且在暗地里谋求个人利益，相互指责、争权夺利，也会把企业拖入泥潭。德国冶金业巨头MG集团，这家现在名为MG科技集团的大企业就是内部斗争的牺牲品。

在20世纪90年代初，位于法兰克福的老牌企业MG集团还是德国工业界最有实力的前20名企业之一。1989年，海茵茨·施梅尔布什顶替前任迪特里希·纳图斯当上了MG集团总裁，此前他曾是MG集团内著名的“大管家”，是一个出色的商人和财务总监，在企业内享有很高的威望。在当上总裁之前，海茵茨·施梅尔布什一直在MG集团工作了15年之久，其中包括担任公司董事整整7年。他的走马上任，并没有引起他人的嫉妒，因为此时的MG集团困难重重。企业的主营业务是生产和销售金属材料，比如铜、锡和铅等，由于国际市场金属原材料产品的价格波动太大，MG集团的业绩连年下滑。投资该企业的股东们早已饱尝苦果，甚至对每年获得股息分红都不敢奢望了。

新官上任三把火。施梅尔布什一上台，就对MG集团进行大刀阔斧的改革。他先是花费几十亿马克收购了一系列企业，集团的业务领域变得异常庞杂，其中包括锅炉制造、机械制造、工程设备和服装加工，等等。按照他的设想，MG集团应该逐步摆脱对金属原材料市场的依赖，进而向多元化发展。与此同时，他还对集团内部原先比重很小的业务领域进行拓展，例如设备制造、废品回收和金融服务，等等。他的这一番努力的结果是，企业集团变成了一个大杂烩，业务领域涵盖产品加工生产和服务业的各个范畴，旗下拥有200多家企业。这些企业彼此之间格格不入，而且除了施梅尔布什本人之外，没有人能从中看出端倪。

施梅尔布什的成功秘诀在于，他本人有非常出色的表演天赋，可以媲美好莱坞的明星。为了充分利用这一天赋，他经常在媒体和公司监管部门那里夸夸其谈，不断吹嘘集团美好的前景。MG监事会主席瓦尔特·如勒作为德累斯顿银行总裁，出面为他担保。德累斯顿银行是MG集团的大股东之一，其他大股东还有德意志银行以及来自澳大利亚和科威特的投资商。但是，后来事态发生变化。1993年年初，瓦尔特·如勒被来自德意志银行的罗纳多·施密茨接替，因为德意志银行给MG集团提供了最多的贷款。随着施密茨的到来，施梅尔布什也迎来了自己最强劲的对手：精通业务、年轻气盛、精明强干、上进心强、狂傲不羁和充满权欲。从个人性格上来看，施梅尔布什与施密茨并非截然不同。施梅尔布什曾经就读于教会中学，而后攻读国民经济博士学位，举止翩翩而又平易近人，不过他也是个有些情绪化的人，偶尔会失控，时常出言不逊。在集团内部，人们都把这位总裁称为“鲁德街上愤怒的布丁”（鲁德街是MG总部在法兰克福的所在地）。

与之相比，施密茨的从业经历则更为辉煌。作为银行职员的他曾经在化工企业巨头巴斯夫积累了多年的工作经验。他为人冷静内敛，精于算度，比较内向。他是个不好对付的角色，从接手MG集团的监管大权开始，他就一再要证明自己“才是牢牢控制MG集团的铁腕人物”。他经常要求施梅尔布什提供企业经营的信息，并且敏锐地从中发现问题。换句话说，他的眼里从不揉沙子。

与此同时，施梅尔布什也是使尽浑身解数，尽量掩盖自己的问题，特别是许多细枝末节，必须要瞒过施密茨的眼睛。其中的原因在于，对于施梅尔布什来说，施密茨是在最不合适的时候上任的。因为，公司刚刚大手大脚地收购了一大堆企业，而且集团内部面临结构调整，经营状况不佳。由于国际市场金属原材料价格走低，再加上来自东欧地区的同类产品的价格战，MG集团旗下众多冶金企业的经营状况非常糟糕。雪上加霜的是，此时国际汽车工业都陷入低谷，销售业绩大幅萎缩。此前，MG集团刚刚收购了一家汽车零配件公司，此举显然是战略上的一次失败。更为关键的是，施梅尔布什的董事长合同即将到期，是否能够续约还不得而知。

施梅尔布什心里十分清楚自己的处境。如果想要得到下一个5年任期合同，他必须在集团年报中拿出盈利业绩来，但是必须通过集团监事会主席施密茨这一关。从公司法律程序来说，监事会负责企业整体运营的持续性，而在其他方面的企业经营决策上，董事长则起着关键性作用。因此，施梅尔布什有权力在所有账目登记上“有创意”地做些手脚。他仍旧是将账目拆分，然后把亏损部分在内部账务往来项目中冲销。这一手法他在以前就使过，而这一次他做得更为谨慎，一切都是按照法律法规来操作。例如，他将旗下子公司在集团内部转让，获得账面销售额，作为经营业绩。由于是内部交易，所以估价都偏高。其中，那家已经惨淡经营的动力设备公司就是MG集团与早已衰败的巴高克集团共同组建的，其资产值明显被人为高估了。这样一来，MG集团的资产总值达到了几亿马克！施梅尔布什还没有算上另外一桩与布德鲁斯公司的私下交易呢。实际上，MG集团已经卖出该公司的部分股权，换回了5000万现金流入账，而资产方面却没有丝毫股票减持迹象。为了获得足够的现金流，施梅尔布什不得不卖出获利甚丰的企业股权，例如专业化工企业戈德施密特公司，此举无疑是杀鸡取卵。就连在集团内部，施梅尔布什也是花招频出。MG集团在法兰克福市中心的黄金地段买下物业地产，在法兰克福旧歌剧院的旁边创建了“鲁德街地产管理公司”，该公司也是按照当时的地价来进行资产评估。这样，很大一部分市值就被当作准备金，而没有列为公司的账面资产。然后，施梅尔布什又把地产公司20％的股份当作礼物卖给了德累斯顿银行。通过这些关联交易，施梅尔布什在集团账目上的“固定资产项目销售和市值增长”科目获得大幅增加。

然而，所有这些做法都难以挽救MG集团的颓势。1993年，集团账目亏空不断增加，施梅尔布什没有其他拆东墙补西墙的途径，于是萌发了新的想法：石油买卖！其实早在1992年，施梅尔布什就看上了石油这个“黑色黄金”，跃跃欲试，想参与其中。这一次，MG集团通过其在美国的子公司MG炼油和营销公司（MGRM）积极参与美国石油市场的交易。他们和大宗进货商、集团消费者和连锁加油站签订长期合同，按照固定价格提供燃油、柴油和汽油产品，客户在油价基础上，还须支付一定的佣金，作为稳定油价的风险补偿。由于国际市场原油价格波动很大，所以这一项目可以让协议双方都有所收益。

为了保证交易的顺利进行，公司邀请了一位名叫阿图·本森的石油商参与项目。这个家伙个子虽然不高，却浑身肌肉强健，精明能干，而且经验丰富。1992年3月，他就对外宣布，分布在美国各地的2000多家加油站已经成为公司的签约客户。到了同年秋季，这一数字已经翻了一倍，而且很快又突破了8000家，石油生意渐入佳境。本森的主要工作就是帮助MGRM公司在与客户签约后，承担石油价格波动导致的风险。也就是说，即使国家原油价格上涨，MGRM公司仍将以较低的价格向客户提供石油产品。这样，参与各方都能规避风险。

本森有个女助手辛迪·马，她来自香港，是个精明强干的精算师。头脑冷静和精打细算的她与豪放不羁的本森组成了最佳拍档。他们俩在仔细研究了各方统计数字后发现，当时国际市场原油的期货价要低于现货价格，这也就有了套利交易的可能。本森他们可以购买石油期货，并在现货市场抛出或者卖给其客户。本森选择了后者，他先是以固定期货价格购买石油产品，然后加价卖给MGRM公司的客户，从中获利。这样从理论上说，本森也基本上可以规避原油价格波动带来的风险。

然而，机关算尽的本森和辛迪·马却栽了大跟头：从1992年年底开始，国际市场石油期货价超过了现货价格。本森大量购买的期货石油到了1993年夏，已经亏损1亿美元之多，而且这一数字在逐月增加。国际原油市场在挤压泡沫，使得现货价格一路下跌。此时，本森却一如既往地继续购买期货原油，因为按照他的账目计算方法，尽管他买入5年期原油期货，却仍能以较高的价格卖给客户。但是，由于期货买卖还要支付相当高的佣金，所以本森实际上亏损很多。本森没有看清市场的走势，而是一味地推广MGRM公司的石油产品，面对手中日益贬值的原油期货，本森只得一再向MG集团要求提供额外的补助。对于本森的做法，MG集团听之任之，导致原油期货的合约越做越大。施梅尔布什在这个问题上犯了个大错，非但没有遏制本森的行为，反而鼓励他加大购买力度。最终，MG集团不得不为1.6亿桶原油期货买单。1993年12月，原油期货和现货差价总额已经高达10亿美元！

而在法兰克福MG集团总部，施梅尔布什的图谋终于得逞，监事会在几周前已经批准了他的工作合同续约。然而，这边合同刚刚签完，施密茨就从美国纽约方面得知，MG集团的石油生意一败涂地。在这场内部斗争中，施梅尔布什显然是把对手耍弄了一番，此前对于石油买卖的事情，他只不过轻描淡写地提了一下，把施密茨蒙在鼓里。事情到了木已成舟的地步，施梅尔布什在12月初出现在施密茨面前，全盘托出了公司急需大量资金解困的事实。此时，曾经在银行界任职的施密茨在银行贷款方面握有主动权，抓住时机向对手发起了反击。一时间，MG集团内部斗争达到了白热化的程度。施密茨感到自己的地位有些不稳，就开始显露强硬姿态，要让大家看看到底谁才是集团中的老大。他下令立即终止美国分公司的石油生意，而这一决定更是把MGRM公司推向深渊。因为这样一来，那些远期亏损的期货合同变成了立即支付的合约，一下子就损失惨重，此外，由于公司与许多大客户签订的供货合同提前解约，导致要交纳巨额违约罚金，最终亏损总额达到了34亿马克。MG集团面临倒闭，只得靠德累斯顿银行和德意志银行联手相救。

到了12月中旬，当施梅尔布什和其他几个经理还沉浸在逃过一劫的喜悦中时，灭顶之灾也悄悄降临了。施梅尔布什的伎俩被一步步曝光，很快人们就给他起了外号——“骗子布什”。此外，人们在媒体上提出疑问，一向行为谨慎和明察秋毫的施密茨居然被长期蒙在鼓里，对于集团所发生的一切知之甚少，至少他本人对外界是这样说的。然而他所在的德意志银行也参与了MG集团的石油交易，所以他的话显然让人难以相信。与此同时，业内专家也批评施密茨，说他根本不懂MGRM公司石油交易的程序，导致资金缺口扩大，引发财务危机。一些反对派人士甚至尖锐地指出，施密茨作为集团监事会主席，采取放任自流的态度，这实际上是一种滥用职权的行为。因此，他最终也承担了相关的责任。尽管，集团监事会和股东们一致要求对施梅尔布什的行为进行索赔诉讼，然而事情也最终不了了之。非但如此，施梅尔布什还与公司方面讨价还价，最终双方达成一致：施梅尔布什下台走人，并获得了公司方面150万马克的违约赔偿金。其中的原因恰恰在于，作为银行家和监事会主席的施密茨担心自己的工作失职和监管不力被曝光出来，只好拿钱堵住了施梅尔布什的嘴巴。其实，他更该担心的倒是公司股东们就此诉诸法律来讨回公道。此事过后，业界便留下了这样一种说法：正是顶级高管的自私行径把MG集团推向了死亡的边缘。

尼克·里森大案

“巴林银行事件”对于金融界来说，是一段难以抹去的回忆。对于英伦三岛的人们来说，这段历史更是不堪回首。因为，巴林银行是一家声望很高的老牌银行，其客户都是地位显赫的名门望族，甚至包括英国女王本人。在亚洲的日本、新加坡和泰国，以及中国香港地区，巴林银行的投资生意屡战屡胜，这让巴林银行在英国伦敦的金融界受到市场战略专家和投资分析师的广泛称赞。可是谁又能想到，正是这么一家百年老店的金融大鳄，居然一夜之间就被一位年仅28岁的投资经理搞垮了，这听起来像天方夜谭，然而，灾难真的就这样发生了。

这次事件的主角名叫尼克·里森，一个出身贫寒的年轻人。他最初踏入银行界的经历顺利得有些不可思议：此前，18岁的他曾经在伦敦郊区的沃特福德上学，毕业以后的第一份工作就是在伦敦老牌银行C＆C做支票记账会计。在工作中，他没有什么惊人之举，也没有接触过任何与证券市场相关的业务。

两年之后，他跳槽来到了摩根士丹利银行，从此改变了他的一生。在这家美资银行设在英国的分公司里，里森从事的是所谓后台核算业务，即对期货和期权交易的核算统计。在这期间，他感受到了期货交易的日渐繁荣。后来，他多次申请调到业务部未被批准。在工作了两年之后，他跳槽去了巴林银行，从事期货交易的业务。在这家老牌英资银行，里森很快就升了职。他曾被派驻印度尼西亚分行，出色地完成了一次“临阵救火”的关键任务，为公司挽救了一大笔钱。这让他自己也有种天降大任的感觉。1992年年初，他被调往新加坡分行，负责为巴林银行在新加坡开立期货交易的业务，并担任业务主管。这可是一项艰巨的任务，因为当地的期货交易发展非常迅猛。里森带领他的小团队为应付整个亚洲地区蒸蒸日上的期货交易而忙得不可开交。然而，与高度发达的国际期货交易市场相比，比如伦敦证券交易所和纽约证券交易所，新加坡的国际金融交易所的基础设施还很不完备。里森手下的工作人员也都没有相关的从业经验。在紧张激烈的交易过程中，全凭喊价来完成下单交易，难免出现错误。比如，经常出现委托人下达卖出指令，而代理人却报出了买入单。这种失误在世界各国的期货市场上都屡见不鲜，通常的补救方法是在当日交易收盘后，对于这些错误进行修正，让客户方不知道其中曾经出现过误报。

巴林银行正是在这一交易环节上出现了漏洞，为此付出了惨重的代价。为了记录上述交易中产生的错误，每个银行都会设立一个错账登记账户，随时记录实际操作和账面显示之间的误差。借助这个账户，巴林银行伦敦部的主管可以随时监督里森及其团队在新加坡的工作情况，因为每一次错误的交易迟早都会被总部察觉到。至少理论上是这样的。

这里必须解释的是，期货和期权交易可不是零敲碎打的小买卖。即便是很小的失误或者不太起眼的小动作都会直接反映在资金面上。然而，在一个错误交易指令下达，直到该单交易失误被发现并修正，中间又要间隔一段宝贵的时间；恰恰就是在这段时间里，期货价格就会发生波动，直接造成银行方面的损失（如果银行对于错单的交易额有所限制，也可以避免不必要的损失，甚至可以歪打正着从中获利）。千里之堤，毁于蚁穴。里森在7月的一次单日交易结束后核对账目时，发现了其中一单交易出现错误，估计损失高达2万英镑。里森清楚地知道，没有哪位上级主管可以对如此重大的失误熟视无睹。即使这家财大气粗的大银行业务遍及全球，每天的期货交易额高达几百万英镑，这样的损失对巴林银行来说绝对是九牛一毛，但是，事业心和进取心都很强的里森非常担心此事会影响自己今后的事业发展。他擅自决定，伪造交易冲抵这次交易记录。为了保险起见，他甚至没有追究真正犯错的那名业务员的责任，而是由自己私自处理。

就在事发前几天，伦敦总部要求他开立了第二个错账登记账户。这一账户根本没有必要，本应及时撤销，然而里森却保留了下来。然后，他虚拟了一个交易指令，与前一次的下单错误进行冲抵，并把这笔交易登记在那个不为人知的账户上，暂时解了燃眉之急。然而，在实际交易行为中，里森虽然完成了错误的卖出交易，但同时也必须履行为了冲抵交易而虚构的买入合约。这样，他的实际账面上就出现了两笔交易的呆账，这是由于对冲交易所产生的。虽然里森暂时蒙混过关，但是这笔亏空早晚要弥补上。只不过他还不清楚什么时候才能填补这一漏洞。

里森通过做假账，暂时躲过一劫。可是没过多久里森便惴惴不安了。当时期货市场上的日经指数持续上涨，这也导致他的上次交易的账面亏空不断增加。因为，当初他是在低价的时候卖出合约，要是此时重新买入冲抵交易，就要承担巨大的损失。

然而，里森并没有接受教训尽快止损，却因此养成了一个恶习，那就是把他和手下员工在期货交易中出现的重大失误，都转移到秘密账户上销账。只把数额很小的失误记录在公司账目上，向伦敦总部汇报。这样做的结果是，在上司面前，他的功绩得到了首肯，同时他也得到了下属的爱戴，因为他善于掩盖他们的错误。然而，里森很快就意识到，这样的做法早晚会出事。因为，秘密账户上的亏空越来越大，事态发展下去将很难控制，纸是包不住火的，他必须赶快摆脱麻烦。这位年轻的银行家陷入了心理误区：为了不丢掉饭碗，避免葬送自己的大好前程，他必须有所行动；他背后也有上司在盯着他，如果坐以待毙，后果不堪设想。

里森本人对自己当时的处境是最明白不过的了。此时的他对期货交易已经非常熟悉，而且掌握了各方面的消息。尽管公司方面有很严格的规定，但是走投无路的他决定冒险一搏。里森从哪里搞到资金来买卖期货呢？在期货交易中，代理人可以卖出远期合约来回笼资金，尽管这些合约还没有买到手。里森正是利用了这个时间差，先是卖出期权回收资金后，再买入远期日经指数的期货合约。为了掩人耳目，对冲交易的转账进行得比较复杂。他先是将卖出期权换取的资金打入前文中提到的秘密账户中，然后再迂回转移到巴林银行下属的一个外部账户，重新流入到新加坡期货交易所里。这样，他就能够以客户委托的名义在新加坡期货市场上进行期货买卖，他最初这样做的目的，只不过是为了填补公司账目的亏空，掩盖工作失误，完全没有考虑从中牟取私利。

然而事与愿违，期货市场行情走势却与他的投机策略背道而驰。没过多久，他就在交易中又赔了600多万英镑。出乎意料的是，此时的里森竟然临危不惧，继续把赌注押在了日经指数上涨的期货买入上，并像轮盘赌那样加倍了投入，希望在下一轮获胜后，能够把以前的损失翻本赢回来。奇迹真的发生了：1993年夏，日经指数止跌上扬，里森大获全胜，不仅补上了所有的亏空，还赚取了上百万的盈余！

里森的背水一战获得了成功，这让他增强了信心，认为即便是走投无路的关头，也可以凭借一己之力来力挽狂澜。里森从此陷入这样一种幻控的状态之中，难以自拔。即便是在后来东窗事发之后，在逃亡他国的途中，他还信誓旦旦地安慰妻子说："没问题，一切尽在我的掌握之中。"

1993年夏末，里森在期货市场上的确是百战百胜。理论上说，他完全可以神不知鬼不觉得填补上了亏空之后，把秘密账户销掉，洗手不干，走上正轨。然而，他早已得意忘形，并陶醉在自己的秘密游戏中。因为，他可以冠冕堂皇地继续担任银行业务主管，并以争取到一个大客户的名义，获得上司的信任和赏识；同时，他还能够以此为由，继续进行期货买卖，并从交易额中赚取相应的佣金，中饱私囊。如果交易赔了钱，他仍可以继续用秘密账户销账来瞒天过海，不会招致麻烦。

在后来里森被解职时，他仍旧辩称说，他这样做只不过是为了简单省事。在新加坡分行，里森不仅担任前台交易主管，而且也是后台审核部门的负责人。所以，大权在握的他根本不会受到其他人的监督。由于天高皇帝远，里森的一切行为都是随心所欲，完全靠的是自觉自律。最初，伦敦总部没人关心新加坡的分行主管究竟是使用什么手段帮助公司赚钱的。后来甚至发展到，里森随便编造一个理由，就能够从伦敦那里调来巨额资金，用于进行新加坡期货市场的交易。在任何其他一家操作谨慎的银行机构中，此类行为肯定早就会引起警觉了。

事后，据里森本人交待，当时巴林银行的内部管理结构分工不明，非常落后，事实证明此言不虚。银行奉行的“效益第一”的原则，使员工的业绩只是和收入挂钩。因此，里森的上司们首先关心的是公司效益，至于使用什么手段赚取的利润，他们不太在意了。就这样里森继续着这场危险的游戏，没有任何人对他进行任何干预。

据里森交代，到了1993年年底，他的累积亏损已经高达2.3亿英镑；而进入1994年仅仅几周，这一数字就急速暴涨到5亿英镑。随着市场行情的走势，里森单日下单总额已经高达500万英镑，而仅仅过了24小时，价格一旦下跌，这笔交易就会导致上千万元的亏损。

此时，年轻的银行家已经完全失控，而他自己并没有意识到这一点。在这场危险的投机游戏中，他彻底失去了理智——赔得越来越多使得他的心理防线完全崩溃，失去了自我保护意识。资本市场行为学专家学者把这一现象称为“认知系统偏差”。这一理论解释了，每个人都会在一定程度上徘徊在感性认识和理性思考之间，使得单一的意识过程不自觉地受到摆布，以便“适应”另外一种行为方式。里森后来回忆说：“当时我大笔一挥就是几百万英镑的买入或者卖出。全都是纸上交易，不像是面包、牛奶或者其他日常必需品的实物买卖。我经手的商品，不过是日本政府发行的债券，或是被叫作某种期货或期权。没有哪个蠢猪真的关心交易对象究竟是什么。买入和卖出的都是一堆合约的编号，感觉就像是玩肥皂泡一样。”

为了安慰自己，他找出了很多“借口”。有时候，他用已经取得的成就来麻痹自己，毕竟他在公司最危急的时刻曾经大显身手，赚取的利润要高于亏损的数目；有时候，他又对巴林银行的总裁彼得·巴林非常不服气，看着他碌碌无为，却舒舒服服地拿着上百万的年薪，里森为此而咬牙切齿。

在此期间，里森的双面人生愈演愈烈。一方面，他的亏损额不断加大；而另一方面，他在上司眼里却成了巴林银行的明日之星。这无疑是个巨大的讽刺。在老板看来，里森是个工作勤奋、业务纯熟的优秀员工，因为每年年底结算时，新加坡分行都能为总部赚取上百万英镑的利润。当然，这些利润资金的划转都没有暴露出秘密账户的存在，因此里森做假账的伎俩始终没有被发现。后来，巴林银行内部也对新加坡分行进行了例行检查，差一点就发现了里森的勾当。然而，狡猾的里森成功地反驳了那些怀疑他的言论，并在几次检查中巧妙地蒙混过关。当然，巴林银行的内部管理也是漏洞百出。有一阵子，在里森的要求下，总部经常给新加坡高达几百万英镑的现金转账，这一行为甚至都引起了英国银行总行的关注。面对英国金融监管的质询，里森都一一化解，显示了他成熟老到的手腕。与此同时，里森凭借工作中的成绩，职位扶摇直上，薪水也水涨船高，与他的妻子过上了极其奢华的生活——豪宅别墅、豪华假期和时尚派对。里森俨然成了一位成功的资本运作专家。

实际上，光环背后的里森却在越来越糟的境地沉沦。1994年中期，他的亏损额已经高达8000万英镑。在绝望之余，里森疯狂地加大了搏杀的力度，妄图把输了的钱都赢回来。然而，市场的走势却依旧与他的判断截然相反。到了年底，他的亏损额竟然翻了一倍。1995年1月，日本神户发生强烈地震，波及亚洲股市全线下挫。尽管如此，里森还是执迷不悟，在行情走低后再次补仓买入，使得自己彻底地陷入了泥潭。

里森一再动用如此巨额的资金，终于引起了伦敦总部的警觉。巴林银行再次对新加坡分行进行了彻底的调查，并聘请了银行之外的独立审计师检查所有的年终报表。情急之下，里森采取了更为疯狂的举动，他大肆伪造原始单据，并不断说谎，试图掩盖自己的行径。

比这更糟糕的是，里森在1995年的前几个月，依旧顶风作案，不顾一切地下单购买大量的期货合约。他甚至相信，凭借一己之力可以阻止行情下滑的走势。这位被业内誉为“明星经理人”的家伙直到幻想破灭那一刻，还执着地相信自己掌控着全局，尽管他已经赔了好几亿英镑了。

对于总部新一轮的调查，再无法遮掩的里森选择了一走了之。当巴林银行的特派员到达之前，里森和妻子逃亡去了马来西亚。在那里，他得知了最终调查结果：他的投资损失总额高达6亿英镑，巴林银行宣布破产。

为了避免在新加坡当地受审坐牢，里森夫妻俩辗转多次，想跑回英国，寻求庇护。然而，这一切都是徒劳的。他们最终在法兰克福被捕，几个月后，再度被遣送回新加坡。1995年12月初，由于里森自己承认了罪行，新加坡法院仅用了两天时间就对他进行了宣判：六年半的有期徒刑。1998年，里森因患直肠癌，获准保外就医。手术后重返监狱。次年，由于表现良好，他提前获释出狱。

同里森一样，巴林银行的下场也有所好转，没有彻底倾覆。1995年2月底，巴林银行申请破产保护之后，以1英镑的象征价格被荷兰ING银行财团并购。如今，ING集团的投资银行业务分部挂的招牌就是ING巴林投资银行。

假账大曝光

人们贪婪无度、自我膨胀和偏听偏信的过程都是在不知不觉中发展的。随后，便会出现相应的心理反应，比如“幻控状态”和“失位效应”，至于其中存在的心理学规律和相互联系，则有待进一步分析和阐述。与此同时，如果谁真的掌握了这些心理学规律和效应产生机制，那么他就可以有目的地加以利用，为自己牟取利益。

日常生活中最常见的例子就是广告。例如，电视上的汽车或者冰激凌广告片展示的可不仅仅是产品或者功用。那些广告设计师、传媒学者、营销专家和心理学家共同协作，要在短短30秒钟时间里讲述一段故事，不仅表现产品的卓越，还要向观众传达一种情感和氛围，也就是弘扬一种生活理念。借助这样的方式，可以唤起受众对于产品的购买欲望。

同样，对于资本投资来说，广告也有着促进融资的功效——“明星”股票的形象一旦深入人心，就能带动股票发行，成为市场的宠儿。

2000年年初，法兰克福股市上的新市场板块中的股票全线跌入低谷，却有一只个股逆势上扬，成为资本市场上的璀璨明星：车联网公司（Comroad）。当别的公司都一再调低原先的收入和利润预期的时候，Comroad公司却在2001年年初的年报公布出了骄人的业绩：销售额翻了4倍，按照1999年11月公司上市时的预估业绩来衡量，这一结果甚至是原先预计的6倍之多。Comroad公司的主营业务是远程信息处理，虽然这一行业的竞争非常激烈，Comroad公司还是信心十足地将业绩预期的指标向上调高。从股价上看，该股已经在发行价的基础上暴涨了650％！有人认为，Comroad公司所取得的成绩都要归功于一个“教父”级的人物——

波多·施纳贝。作为公司创始人和总裁，施纳贝总是事必躬亲地参与每次公司决议的制定和与金融分析师们的会晤（人们后来才发现其中的原因）。随着越来越多的分析师和业界行家对施纳贝提出的数据产生怀疑之后，施纳贝适时地抛出了一份完全符合规定的财务报表。这份公司报表是经过世界著名的审计公司毕马威审计和检验通过的。

德国金融投资杂志《股市在线》的一位编辑试图揭开笼罩在Comroad公司上的迷雾。根据股市的走势和施纳贝对外公布的业绩增长预期，她看出了些许端倪。从1998年到2002年，公司收入从500万马克增长到了2.5亿马克。然而，审计师出具的报告显示，公司在1998年的外债已经超过了其资产。也就是说，Comroad公司在挂牌上市之时，就已经资不抵债、面临倒闭。为了查清真相，这位编辑亲自飞到香港，调查了与之相关的业务伙伴，发现公司一半的收入都令人怀疑。经过实地核算后的结果更令人诧异，Comroad公司对外公布的业绩没有真凭实据，因为与其有着业务往来的公司不是子虚乌有，就是坚决否认与施纳贝的公司有业务关系。与此同时，德国方面的金融分析师也走访了Comroad公司的客户，同样发现了弄虚作假的情况。

施纳贝对此义正词严地反驳，信誓旦旦地发布公告，回击媒体上的负面报道。然而，这一切都无济于事。2002年2月，毕马威公司的审计师宣布无限期终止与Comroad公司的业务，这样一来，施纳贝一直编造的弥天大谎就不攻自破了。消息公布两天之后，Comroad公司在给股东们的通告中承认，有一家中国的供货商神秘失踪了。接下来的情况就更加糟糕：3月份，公司监事会将施纳贝的总经理职位罢免。监管部门聘请了另外一家审计公司对Comroad公司的业务进行专项检查，主要是重新核查公司从此时追溯到1998年的账目情况。一个月后，审计师发现，施纳贝从一开始就造假账欺骗股东，他虚构出了大量应收账款，并且人为抬高各项支付定金。实际上，从1998年到2000年间许多销售额根本就不存在。2001年，他的造假活动更是到了疯狂的地步：年报公布的9360万马克销售收入中，只有130万马克是有案可查的，其他将近98％的收入都是凭空捏造的。丑闻一经传出，整个新市场板块都经历了一场地震，此时的施纳贝也被抓进了监狱。此前，新市场板块的上市企业曾经屡爆丑闻，然而与施纳贝这次事件相比，简直就是小巫见大巫。施纳贝能够如此长时间的瞒天过海，还得益于他的夫人英格丽特以及帮他做假账的税务顾问，这两位"得力干将"坐镇公司监事会，也就是说，他们一直从事着监守自盗的行径。此外，那些享有盛誉的审计师们也是玩忽职守，仅凭一份传真就认定了上百万的合同，并且也没有对Comroad公司的客户档案进行细致的核查。

2002年年底，施纳贝的夫人在庭审过程中向当局交代了所有罪行；与此同时，施纳贝却还在抵赖，辩称那些账目中可能存在错误，但是绝没有丝毫的凭空捏造，只不过是事先记账罢了。最终，法院以股票诈骗罪判处施纳贝7年有期徒刑。这也是新市场板块上市企业的首位经理人因为经济罪被捕入狱。施纳贝的夫人因犯有同谋罪，被判处2年强制劳教。

安然神话的破灭

回顾金融史上的丑闻和破产事件，总是能挖掘出其中的根源，事件背后的导火索无非就是"金融大盗"的作恶多端和官商勾结的幕后交易，通常这两种情况是互相作用的。而在事发之前，没有人知道未来的发展趋势如何险恶，就如同2001年到2002年间，发生在美国股市的一连串投机失败的惨剧和大型企业集团纷纷倒闭的情况一样。

安然公司曾经被认为是美国创富神话的巅峰之作。在它的辉煌时期，它的每一个动作都会受到华尔街的追捧，安然公司好像有一种魔力，它可以把任何传统行业改造成流动性强的创新性行业，这也使得它连续六年被《财富》杂志评为“美国最具创新精神的公司”。

然而，几年之后，作为美国史上最大的破产案，安然事件连同美国“9·11”事件、世界通信公司会计造假案和安达信解体，被美国证监会前主席哈维·皮特称为“美国金融证券市场遭遇的四大危机”，可见安然事件对美国经济的影响之大。

安然公司成立于1958年，总部设在休斯敦，它曾是世界最大的能源贸易商，按照市值排名，是美国的前十强企业之一。这家公司的成功经历可谓空前绝后：1985年，安然公司与另外两家输油管经营商合并。当时正值美国的能源市场开始放开，缺乏相关的管理规范，这恰恰给安然公司提供了无限商机，使之成为最大的受益者。随着电力和燃气价格的放开，那些从事能源生产和运输的企业都退居了幕后。与之相反，从事能源产品交易的批发商却从中大发横财，逐渐发展成为实力雄厚的大型企业集团。安然集团的领导层决定拓展业务领域，打算进军再保险业务和互联网接入服务的中介业务，并且还获得了原材料买卖的经营许可，例如木材和铝等。除了业务领域的扩张之外，安然公司还在地域上进行拓展，将其25%的能源业务放到了欧洲大陆，并且时刻关注全球各地的能源市场，一旦发现哪里的能源市场开放了，立刻就派人前去商谈相关业务。后来，安然公司还涉足新媒体运营领域，“安然在线”是公司里某个职员在上司根本不知情的情况下建立的网站，后来很快蹿升为互联网上人气最旺的电力和燃气交易平台。

安然风波最初要追溯到1991年8月，当时的资本市场出现了一些奇特的现象，引起了业内人士的关注。这一时期，大多数股市投资者都在慢慢挽回刚刚由互联网投机泡沫所造成的损失。与此同时，上任仅仅半年不到的安然公司总裁杰夫·斯克林宣布辞职。

安然公司的衰落开始于总裁斯克林的继任者肯·雷伊上台之后。2001年10月，公司发布的季度报表显示，公司有多笔未公布的交易，直接导致公司资产的流失和额外债务的增加。安然公司多年以来首次出现亏损，并且公司内部对于其中的细节竟然全然不知，这无疑让广大投资者感到非常震惊。接下来，安然公司的股票价格面临巨大的抛压。长期以来，分析家们从未对安然公司账务中的可疑数字进行详查，所以人们呼吁要求公司经营更加透明化。又过了几周，各种迹象表明，这家曾经辉煌一时的大企业的确面临很严重的支付危机。

11月，在各方压力下，安然不得不宣布对过去几年的财务状况重新审核，将几家关联企业的情况也纳入其中。随即承认，1997年至2000年间，通过关联交易等手段，公司一共虚报了约5.5亿美元利润，后又承认将有大笔借贷到期须偿还。11月底，美国两家最著名的信用评级机构标准普尔和穆迪先后将安然债券等级下调为垃圾债券。当天，安然股价暴跌85%，跌至1美元以下。与一年前的高位相比，公司市值极大地缩水，并引发一系列的债务清偿问题。12月2日，安然公司向法庭申请破产保护，这是美国历史上排名前十的破产案。

在这之后，安然公司背后的徇私舞弊、招摇撞骗和弄虚作假手段被慢慢曝光，最终演变为一起金融丑闻。其中涉及的细节毋庸赘述，主要就是安然公司董事会长期以来集体做假账，许多银行和审计师也与他们沆瀣一气，结党营私。这一切究竟是如何进行的？概括来说，就是通过以下一些花招伎俩。

（1）暗自挪用银行贷款。银行给安然公司的贷款本应作为养老金或者购买燃气合约，安然公司却将燃气合约转手倒卖，获得现金流后，记入企业经营收入，虚增企业收益。

（2）调整账面收入支出。账面收入支出是指从企业年报业绩中剥离出来的收入或者支出。因为这些项目都是临时性的，比如用于一次性购买许可证或者专利，与之相应的还有一些项目可以作为计划外收益。这样经过调整后的年报收益可以比实际取得的业绩高得多。这种做账方法显然有其致命的缺陷。每个数字都可以按照自己的需要来确定为计划外收益，也就是说，可以把所有财务问题都通过这一方式掩盖起来，随意操纵公司的财务报表。

（3）皮包公司为虎作伥。安然公司创建了许多皮包公司，为的是将公司的资产和债务分摊转移，这些公司也就是所谓的“特殊目的经济体”，简称ESP。按照规定，这些公司股权的3％以上掌握在外部投资人的手中，可以成为独立核算的子公司，并且经营业务不受母公司的控制。因此，安然公司指使内部经理人、银行伙伴和其他兄弟企业入资控股这些皮包公司。后来，安然公司账面收入的40％都来自这些下属公司。通过转移记账法将母公司的资产状况分摊到ESP上的方法有很多。在做账时可以将企业成本（比如新产品的开发）或是债务（例如供货商的应付账款）转移到某个ESP公司账目上，这样在计算母公司的损益表时，可以减少母公司的支出项目，也就在无形中增加了母公司的收益。而在集团公司的总账中，内部关联交易又可以被冲抵，使得这些ESP与母公司之间的交易行为不会在账面上留下痕迹。这样一来，账面上企业甚至没有丝毫外债，而且经营成本非常低，显得经营业绩也非同一般。此外，母公司还可以将本公司的股票以高价转卖给ESP，从而获得对方支付的贷款或者现金资金。从资金流向上来看，这样做纯粹是企业内部交易，然而却能同时增加企业的资产和负债，虚增企业的资产值。并且，母公司的对外报表中也显示出企业现金流的充足。ESP的另外一个用途就是，母公司可以给旗下的各个ESP公司提供担保，向银行获得低息贷款，然后通过内部转账再划归母公司所有。这样做的好处是，可以降低母公司的外债，粉饰资产负债表。

（4）操纵市场一手遮天。在能源储备市场，价格可以被人为操纵，甚至是由寡头垄断。例如，2001年美国加利福尼亚州的电力供应紧张就是安然公司背后捣的鬼。结果，地区电价远远超过了政府规定的最高限价，以安然公司为首的供电集团囤积居奇，获利甚丰。

（5）循环交易无中生有。所谓循环交易就是两家贸易公司私下约定，采用“转圈买卖”的方式彼此交换等量的电力产品。结果就是不买不卖，不赔不赚。这样做的唯一目的就是虚增账目销售额。

安然公司的管理也是一团糟。公司董事会对于长期以来盲目扩张的企业的结构根本无暇理会，造成内部管理混乱不堪。企业内部的成本监控形同虚设，企业领导缺乏长期战略发展眼光。高层管理独断专行，经常随意解雇一般员工和低层经理，感觉就像是封建王侯在自己的领地中发号施令一样毫无顾忌。

美国人被激怒了。原来，正是这些安然公司的高层经理人在企业倒闭前夕疯狂抛售个人持有的股票，侵吞企业资产，并且销毁相关文件，使得上万名公司员工的养老金随着安然公司股票的一落千丈，最终化为乌有。

此外，金融分析师们也成为大众谴责的焦点，正是他们，长期以来对安然公司做假账的行为置若罔闻，并且还向投资者推荐购买该公司的股票。最后，安然公司丑闻竟然还涉及政府部门和议会党团，其中包括美国总统乔治·布什内阁成员，据说这些大人物与安然公司的高层领导一直保持密切关系，也持有安然公司的股票：当然，这些官僚政客早就听到了风声，及时脱手了所持有的股票，没有受到任何损失。

安然公司的丑闻愈演愈烈，事态发展一时间失去了控制。根据著名的安达信会计师事务所提供的证词显示，对于安然公司不利的证据资料都被人为销毁了，许多审计师从安然丑闻败露伊始就曾对这家著名的审计机构敲响了警钟，结果却仍是这样，令人费解。

此外，其他同类能源企业也都纷纷爆出假账的丑闻，有些也被迫申请破产。正当金融分析师和审计师们被这些能源企业的假账弄得不可开交时，人们的注意力也开始转向，看看是否其他行业的大公司也有类似情况发生。其间，更为震惊的消息不胫而走，那就是著名企业世通公司的创始人和总裁本尼·埃伯斯于2002年夏天宣布辞职，这位曾经是华尔街股市名噪一时的宠儿，一时间成为千夫所指的对象。从造假的数目上来看，安然公司与世通公司相比简直就是小巫见大巫。6月底公布的调查结果显示，世通公司假账总额高达385亿美元。债台高筑的世通公司因此很快宣布破产，公司以前对外宣称的季度报表和业绩情况都成了欺骗人们的证据。一时间，“安然现象”成了街头巷尾的焦点话题。证券市场面临可怕的信任危机，许多公司倒闭的下一个结果就是广大投资者成为牺牲品。其实，安然公司和世通公司只不过是冰山一角，被侥幸揭露曝光出来罢了。许多庞大的企业集团，例如建筑业财团Freddie Mac和欧洲商业霸主阿霍德公司等几十家企业也都相继爆出财务丑闻。

20亿美元的土耳其浴

19世纪中叶，美国的石油产业开始崛起。当时，石油厂商们想出了一个绝妙的主意来笼络客户、提高销售业绩：他们向客户大量免费派发油气灯，让人们直接感受石油作为新能源的好处。这样大规模的赠品促销是为了让广大用户彻底改变原有的照明习惯，接受新科技。这一做法至今仍被沿用，特别是在20世纪末的无线通信行业，许多大公司都是采用这一营销手段来占领全球市场，并且演变出了许多新的形式，例如赠送新款手机或者给客户补贴性价格减让。这样一来，无线通信运营商轻而易举地就将成千上万的客户牢牢地控制住了，而那些手机厂商也被迫加入其中。虽然那些手机厂商都希望将无线通信的运营业务纳入自己的经营范围，但是在大多数国家，地方政府只将无线频率使用权和运营牌照颁发给本国控股的企业，而不是外国的电信巨头。因此，地区运营商与各个手机生产厂商不断地讨价还价，以便获得最优惠的条件。也就是说，谁能提供最优惠的产品和服务，谁就能很快占领该地区的电信市场，并且还能在当地电信运营商的合作基础上获得网络铺设的项目合同以及提供技术设备的供应保障。在这一背景下，通常都是手机巨头，例如芬兰的诺基亚和美国的摩托罗拉出资扶植当地新兴的运营商，合作开发地区市场。其中，土耳其的电信公司沃达丰（Telsim）就是在20世纪90年代依靠摩托罗拉提供的大约20亿美元和诺基亚的几百万美元作为启动资金，从此一鸣惊人。

1998年，摩托罗拉公司管理层注视土耳其的时候，他们看到的是财富——当时欧洲正处于一个关键时刻，使用移动电话的人数从1997年的1500万快速增长到1999年的8200万。在欧洲的很多国家，一半多的人口使用移动电话，而10个土耳其人中只有不到1人使用移动电话。土耳其被看作是一座金矿，而在这样一座大金矿里仅有两家移动通信公司。因此，Telsim这样的由个人掌控的公司使外国投资者非常感兴趣。对于摩托罗拉来说，Telsim不仅仅是它的客户，更是它的投资对象。摩托罗拉迅速地与之做了一笔交易。公司的财务总监埃德·休斯说："摩托罗拉和其他的竞争对手认为土耳其蕴藏着无限商机，而我们径直奔去。"

Telsim公司可不是普通的电信运营商，这家企业的拥有者是著名的乌赞家族。乌赞家族是土耳其最有影响力和最富有的私人财团，该家族掌管着130多家企业，其中包括银行、电视台和一家在德国的印刷厂，曾登上著名财经杂志《福布斯》评选的全球富豪排行榜。当时，Telsim是土耳其第二大电信运营商，然而，乌赞家族却是靠着贷款来运营企业，暗自把公司的一多半塞进自己的腰包，购买豪华游艇、私人飞机和高级公寓。此外，乌赞家族还侵吞公司资产，转移到旗下其他企业。

在Telsim得到扩张许可后，摩托罗拉在1998年4月得到了为其提供设备的合同，并筹措了3.6亿美元贷款和支付2亿美元现金为Telsim支付许可证费用。这样摩托罗拉间接地拥有Telsim由于抵押而带来的51%的股份，后来这个数字上涨到66%。

对于摩托罗拉和诺基亚这两大巨头来说，Telsim公司所允诺的未来的巨大收益，以及投标过程中各大公司的激烈竞争，对它们都充满了巨大的吸引力。因此，当Telsim公司于1999年9月向摩托罗拉公司要求更多的资金的时候，摩托罗拉的管理层毫不犹豫地答应了，给了Telsim公司总计7.75亿美元的贷款。公司领导层承认，这个数字超过了摩托罗拉公司给予任何其他客户的信贷额度。毕竟，MCI通讯公司和Sprint通讯公司当时都在竞标，同时还有英国和德国电讯公司参与其中，激烈的竞争使摩托罗拉公司下决心继续追加投资。

当乌赞家族两个月之后继续向摩托罗拉公司要求更多的投资的时候，他们也没有遇到什么反对意见。不过，摩托罗拉公司提出，Telsim公司应该尽快补上资金的漏洞，同时增加更多的订单以确保收入。乌赞家族称他们已经收到一笔数百亿美元的大额订单，并说自己和诺基亚之间的业务也正步入正轨。到了2000年2月的时候，摩托罗拉公司同意再向Telsim公司提供4.5亿美元的贷款，条件是Telsim公司到当年9月时除偿还本金之外再增加3亿美元作为补偿。摩托罗拉公司的前财政长官埃得休斯说，当时双方都同意这一决议。而且，摩托罗拉公司掌握着Telsim公司的大部分股权，自认为胜券在握。

与此同时，乌赞家族对诺基亚也玩着同样的把戏。他们对诺基亚抛出了这样的诱饵：目前诺基亚公司已成为第一位投标者，但如果它不追加更多的投资，Telsim公司将会考虑与西门子之类的其他大公司合作。于是，在2000年3月，诺基亚允诺向Telsim公司增加3.2亿美元的银行贷款，同时再提供1亿美元的现金作为市场投资。诺基亚公司得到的回报是Telsim公司5%的股份。

才过了一个月，Telsim公司的人又回到诺基亚公司，向他们表示，英国沃达丰公司（Vodafone）和德国电信在竞标中又提出了更多的投资允诺。考虑到可能获得的巨大利益，诺基亚公司决定继续增加给予Telsim公司的贷款。当年5月，诺基亚又拨给Telsim公司8亿美元的贷款以及4.5亿美元的现金。同时诺基亚拥有的Telsim公司的股份增加到7.5%。

直到这时，诺基亚和摩托罗拉公司还是没有意识到他们都被愚弄了。当时，Telsim公司已经从两家公司那里占用了超过20亿美元的资金，其中包括10亿美元的现金。而两家公司还对Telsim能够如期还款确信不疑。

2000年8月，Telsim又向摩托罗拉公司要求更多的资金注入，摩托罗拉便再次向他们提供了7亿美元的贷款和现金。不过，到了10月1日，Telsim未能按期偿还诺基亚的贷款的时候，诺基亚的管理层开始担心起来。而且，他们联想到自己的竞争对手摩托罗拉公司可能和自己面临着同样的处境，但他们浏览了摩托罗拉的网页并没有发现任何情况。终于，在2001年1月，诺基亚公司驻伊斯坦布尔的一位经理和摩托罗拉公司的一位主管人员进行了接触，他们这才意识到问题的严重性，发觉自己可能正“置身于一场大骗局之中”。

更糟的事情还在后面，到了2001年年初，土耳其的经济陷入了一场大萧条之中。在美国，本来走势良好的电信股一下子成了泡沫，土耳其的电信行业也全面下滑。按照协定，Telsim股权中的66%用来担保摩托罗拉提供的那部分贷款，诺基亚的贷款担保是Telsim股权的7.5%。但在行业不景气的大背景下，这些股权分别被稀释到了22%和2.5%。不过，摩托罗拉和诺基亚一致认为，这是Telsim公司人为制造的欺诈行为。

乌赞家族也意识到自己的行径已经败露，于是一场纠纷很快就爆发了。为了对付电信公司的监管人员，乌赞家族来了个“恶人先告状”，起诉诺基亚和摩托罗拉公司的高管层，罪名是教唆谋杀乌赞家族的成员。

两大手机厂商只好应诉，并在美国本土的法庭上获得胜诉。2003年中期，纽约联邦法院判处乌赞家族支付总额高达42亿美元的罚金和经济补偿金。此外，乌赞家族还必须将Telsim公司股份的73.5％提交给法庭，作为对摩托罗拉和诺基亚两家公司的资产抵押。与此同时，法院还对乌赞家族团伙的主要成员下达了逮捕令，今后，他们一旦踏上美国领土，就将被就地逮捕。

面对美国方面的指控，乌赞家族立即否认了所有罪行，指责美国法院的判决缺乏公正，没有给乌赞家族澄清事实的机会。他们的辩解没能达到预期效果。于是，乌赞家族又在美国《华尔街日报》上刊登广告，拉拢摩托罗拉公司的广大股东。结果，许多股东果然联名上书公司领导层，要求撤销起诉，因为股东们也有苦衷——在判决生效之后过了很长时间，索赔款还是没有着落。摩托罗拉公司管理层想尽一切办法来安抚股东，为此，公司董事会成员都被免职。摩托罗拉公司的一些股东仍旧不依不饶，就这一丑闻继续起诉，理由是公司董事会在2000年到2001年间，遵照土耳其合作方的授意，将公司股票价格人为抬高，并且对贷款几十亿美元的事情只字不提，成了蒙骗股东的帮凶。摩托罗拉公司当初的疏忽竟然酿成如此惨痛的后果，可惜后悔已经来不及了。

摩托罗拉和诺基亚对一件事情的判断是正确的，那就是土耳其的手机市场正在崛起。尽管存在财政问题，Telsim的手机客户却从1998年的50万增长到2005年的近1000万。但是，即使是摩托罗拉和诺基亚在法庭上获胜，他们也未必能从中获益。实际上，两家公司已经冲销了全部贷款。他们的账簿上应当单独列出一项：学费。

而Telsim则于2005年底，被英国沃达丰公司以45.5亿美元高价收购，当时Telsim在土耳其电信市场上拥有25%的市场份额。